MHOBOL I

D1643315

2000330391

NEATH PORT TALBOT LIBRARIES

Fy mhobol i

T. Llew Jones

PORT TALBOT LIBRARIES NEATH

Argraffiad Cyntaf—Awst 2002
Ail argraffiad—Awst 2002

ISBN 1 84323 059 3

ⓗ T. Llew Jones

Mae T. Llew Jones wedi datgan ei hawl dan
Ddeddf Hawlfraint, Dyluniadau a Phatentau 1988
i gael ei gydnabod fel awdur y llyfr hwn.

NEATH PORT TALBOT
LIBRARIES

CL.	920	
DATE 17/9/02	PR. 5~95	
LOC	YST	
NO	2000330391.	

Cedwir pob hawl. Ni chaniateir atgynhyrchu unrhyw ran o'r cyhoeddiad hwn
na'i gadw mewn cyfundrefn adferadwy na'i drosglwyddo mewn unrhyw ddull
na thrwy unrhyw gyfrwng, electronig, electrostatig, tâp magnetig, mecanyddol,
ffotogopïo, recordio, nac fel arall, heb ganiatâd ymlaen llaw gan y cyhoeddwyr,
Gwasg Gomer, Llandysul, Ceredigion.

Dymuna'r cyhoeddwyr gydnabod cymorth
adrannau Cyngor Llyfrau Cymru.

Argraffwyd gan
Wasg Gomer, Llandysul, Ceredigion SA44 4QL

Cynnwys

Bwlchmelyn a Iet Wen   7

Mam-gu   11

Sipsiwn   20

Potsian   25

Y Garreg Ogam   37

Tîm Criced Pentre-cwrt   41

Williams Pontfân   46

Dai Blaenweun   50

Taith y Pererin   54

Tom Stephens   61

Dwy Ysgol   69

Afiechyd   80

Eisteddfota   84

Hel Cadeiriau   90

Cythraul yr Awen   99

Alun Cilie   107

Waldo   119

Breuddwydion   128

Yr Arwisgo   133

Gelyn y Bobol   136

Diweddglo   141

Fi yn faban gyda 'Nhad a Mam.

Bwlchmelyn a Iet Wen

Ganed fi ym Mwlchmelyn, Pentre-cwrt, Sir Gaerfyrddin, ar yr 11eg o Hydref 1915, ac mae plac uwchben drws y tŷ hwnnw yn nodi'r ffaith. Ar y plac mae'r englyn hwn o waith y Prifardd Dic Jones, cyfaill annwyl iawn i mi:

> Rhythmau'r iaith yw y muriau hen – a chwedl
> A chân yw pob llechen.
> Cartre Llew, crud deor llên,
> A thŷ mabolaeth awen.

Tŷ fy mam-gu oedd Bwlchmelyn, ac yn fuan ar ôl fy ngeni fe symudodd fy rhieni, a minnau gyda nhw, i fwthyn yn y pentre o'r enw Iet Wen. Roedd y Rhyfel Byd Cyntaf yn ei anterth, er na wyddai'r baban newydd am hynt a helynt y gyflafan honno.

Yr unig gof sy gen i am y Rhyfel yw gweld dieithryn mewn dillad rhyfedd yn cyrraedd Iet Wen yn gwbwl annisgwyl ryw ddiwrnod, a hwnnw'n newid popeth. Deellais ymhen tipyn mai fy nhad oedd y dyn dierth ac mai'r dillad od oedd lifrai'r Llynges Brydeinig y bu ef yn gwasanaethu ynddi am dair blynedd – hyd at y Cadoediad yn 1918. Ond i mi, yn dair oed, dieithryn peryglus ydoedd – yn bygwth y clydwch a'r hapusrwydd ar ein haelwyd fach ni.

Rhyw gychwyn digon anaddawol fel'na fu i'r berthynas rhyngof i a 'Nhad, ac ar hyd y blynyddoedd bachgen Mam oeddwn i.

Rhyw fwthyn digon tlawd oedd Iet Wen – rhyw fath o dŷ to gwellt, hen ffasiwn nas gwelir yn awr ond mewn llyfrau ac yn Sain Ffagan. Roedd rhywrai wedi gweld yn dda i roi sitenni o shinc dros wellt y to, i'w ddiddosi. Roedd y shinc wedyn wedi cael ei orchuddio â *coal-tar* i gadw'r metel rhag rhydu. Llawr pridd oedd i'r bwthyn, a hwnnw bron mor galed â choncrit, ond yn llawer llai llychlyd. Clom oedd y muriau a'r rheini'n rhyw lathen o drwch. Gwell i mi geisio egluro beth oedd 'clom'. Mae'r gair yn tarddu, medd rhai, o 'cwlwm' neu o 'clymu'. 'Cwlwm' yw gair Sir Benfro a Sir Aberteifi am y tanwydd a geir trwy gymysgu llwch glo (neu lo mân) â chlai a dŵr. 'Glo bôls' oedd ein gair ni yn sir Gâr am y tanwydd yma, am ei bod yn arferiad gan y gwragedd ei wneud yn beli crwn â'u dwylo cyn ei roi ar y tân. Cymysgedd oedd 'clom' o laid (mwd), clai, gwellt, cerrig mân a dŵr, a gallai'r hen grefftwyr gynt wneud muriau cadarn a diddos ohono.

Yn fy marn i, mae'r gair yn tarddu o'r hen air Saesneg, 'culm'. Mae dau ystyr i'r gair, sef 'glo mân' a gwellt – *culmus* yn Lladin. Ac roedd gwellt yn rhan bwysig o'r cymysgedd a elwid 'clom'. Ar ôl sychu a chaledu, fe wnâi'r clom furiau da ac mae llawer adeiladydd yn y dyddiau hyn wedi darganfod eu bod yn anodd iawn eu bwrw i lawr, hyd yn oed gyda chymorth peiriannau modern.

Fel y gwelir yn y llun, dim ond dwy ffenest fach iawn sydd yn ffrynt y bwthyn. Roedd un arall dipyn llai yn y cefn. Dwy ystafell oedd iddo, a alwem yn 'pen ucha' a 'phen isha' – sef cegin a pharlwr. Dyw'r bwthyn ddim yn

Iet Wen.

8

Mam.

bod bellach, wrth gwrs. Fe'i tynnwyd i lawr i wneud lle i fyngalo newydd, crand, i ryw Sais na wn i mo'i enw. Ond roedd y bwthyn ar ei draed am flynyddoedd ar ôl i mi dyfu'n ddyn.

Unwaith, flynyddoedd maith yn ôl, fe euthum â'r wraig i Iet Wen i ddangos iddi'r cartre oedd gen i pan own i'n blentyn. Pan gyrhaeddon ni, fe ges i syndod i weld nad oedd yr hen le wedi newid rhyw lawer yn ystod y deugain mlynedd a mwy ers i mi fyw yno'n blentyn. Roedd gwyngalch ar y muriau o hyd a'r gwydr yn gyfan yn y ddwy ffenest fach. Cerddodd y wraig a minnau i fyny'r llwybr at y drws. Pwysais ar y latsh – roedd y drws ynghlo fel y disgwyliwn. Ond pan oedden ni ar fin cerdded ymaith, dyma ni'n clywed rhyw sŵn, rhyw gyffro tu fewn. Euthum at y ffenest wedyn a cheisio edrych i mewn trwy'r gwydr bawlyd. Cefais dipyn o sioc wrth weld yr olygfa tu fewn. Yno, ar lawr ein parlwr ni gynt, gorweddai hwch fagu fawr, yn ei hyd, a thorraid o foch bach yn ei sugno. Roedd y peth yn ddigon naturiol, wrth gwrs. Roedd ffermwr cyfagos, gan wybod fod yr hen dŷ yn wag ac yn dadfeilio, wedi manteisio ar y cyfle i roi ei hwch fagu a'i pherchyll i mewn yno.

Wrth edrych ar yr olygfa drwy'r ffenest y diwrnod hwnnw, ni allwn lai na chofio Mam a'i gofal fod popeth yn lân ac yn ei le yn y parlwr gynt. A dyma ei pharlwr hi wedi mynd yn dwlc mochyn!

Aethon ni byth 'nôl.

Mam-gu

Dynes fechan, dwt, olygus oedd hi yn fy nghof cyntaf i, er ei bod hi bryd hynny'n 'bwrw mlân'. Roedd hi'n sionc ar ei thraed, yn ddiwyd, ac yn ddynes gwbwl eithriadol. Bu iddi wyth o blant – pump o fechgyn a thair o ferched. Mae'n debyg iddi briodi a geni'r cyntaf ohonynt, Dafy, pan nad oedd hi ond un ar bymtheg oed. Ac fe barhaodd i blanta am gyfnod mor hir, fel mai prin y medrwn i alw 'wncwl' ac 'anti' ar ei mab a'i merch olaf – Evan Tom a Megan – gan nad oeddynt fawr iawn yn hŷn na mi!

Yn wir, edrychwn ar Megan fwy fel chwaer na modryb. Bu hi farw'n drychinebus o sydyn yn 16 oed. Er ei bod yn ferch iach a heini, ac yn gweithio yn ffatri wlân Derw, fe'i cafwyd hi un bore wedi marw yn ei gwely. Fe fu'r ergyd honno'n un galed i Mam-gu ei dioddef, er nad dieithr iddi fu marwolaeth o fewn ei theulu.

Gwelodd farw mab, Harri, yn 26 oed yn ysbyty Caerfyrddin, eto'n sydyn. Ef oedd y ffefryn o'i meibion. Cofiaf yn dda amdano – gŵr ifanc gosgeiddig, golygus – ac er mai plentyn oeddwn, fe wyddwn trwy wrando ar glonc ar ein haelwyd ni ei fod yn cael llawer o'i boeni gan y merched. Collodd Mam-gu ei mab hynaf o'r dicléin, ond roedd hynny flynyddoedd yn ddiweddarach. Colli Harri a Megan oedd yr ergydion mawr a grymodd ei gwar.

I ni, ei hwyrion a'i hwyresau, hi oedd y nain orau a'r garedicaf yn y byd. Nid oedd pall ar ei rhoi – o'i phrinder yn aml – yn geiniogau neu'n deisen, neu'n rhyw flasus-fwyd arall byth a hefyd.

Nid oedd fy nhad-cu'n gymeriad mor rhadlon. Tueddai i ymfflamychu pan ddaliai ni wrth ryw ddrygioni ac roedd arnom dipyn o'i ofn. Crydd oedd e wrth ei alwedigaeth ac, yn ôl hanes, roedd yn grefftwr da hefyd. Bu'n dilyn ei alwedigaeth mewn cyfnod pan oedd hi'n arferiad i'r crydd wneud yr esgidiau'n gyfan yn ei weithdy – hynny yw, pan gredai pobl fod pâr o sgidiau o waith y crydd lleol yn amgenach na'r rhai rhatach a oedd yn dechrau ymddangos yn y siopau. Fe'u clywais nhw'n dweud fod enw da iawn i esgidiau o waith Evan y Crydd. Ond, am ryw reswm, roedd yn gas ganddo ei grefft, ac fe'i gadawodd ymhell cyn cyrraedd oed ymddeol. Y syniad a gefais (o glustfeinio ar glonc eto) oedd nad oedd fy nhad-cu a gwaith – o unrhyw fath – yn rhyw gyfeillion mawr iawn! Ond, i fod yn deg, rhaid ei fod wedi dilyn ei grefft yn bur ddiwyd yn y blynyddoedd cynnar i fagu ei deulu lluosog. Aeth i ffermio tyddyn Glansiedi yn ddiweddarach, ac er ei fod, mae'n debyg, yn hapusach yn y gwaith hwnnw nag wrth ei lest, prin iddo fod yn fwy diwyd yn y maes nag yn y gweithdy.

Cofiaf am fy nhad-cu yn cryddia. Cofiaf yn fyw iawn amdano â llond ceg o hoelion bach – yn eu taro'n gyflym i wadn yr esgid, un ar ôl y llall, ac ystyriwn y gamp yn dipyn o ryfeddod. Dywedodd perchennog presennol Bwlchmelyn wrthyf iddo ddarganfod hen ddarnau o ledr a llawer o

Bwlchmelyn.

hoelion rhydlyd yn llawr yr hen weithdy, pan fu ef wrthi'n ei droi'n adeilad at ryw bwrpas arall.

Ym Mwlchmelyn hefyd – mewn ystafell a elwid 'y pen ucha' – fe gadwai fy mam-gu siop. Ni fu erioed siopwraig debyg iddi, mi gymraf fy llw! Roedd hi'n hael iawn â'i phwysau 'dros ben' byth a hefyd – bydded fenyn neu siwgr neu de neu beth bynnag. Ni ddeuai'r un plentyn i'r siop na châi 'binsied o swîts' o ryw botel neu'i gilydd yn rhad ac am ddim gan Mam-gu, a phan ddeuai plentyn â'i geiniog i brynu owns neu ddwy, byddai'n siŵr o gael mwy na'r pwysau o dipyn bob amser. Oedd, roedd rhywbeth 'dros ben' yn siop Mam-gu bron yn ddieithriad, a'r syndod yw iddi lwyddo i wneud i'r fusnes dalu. Ond fe lwyddai i wneud elw – bychan, efallai – ond cyson, serch hynny. Gyda'r blynyddoedd, mae gen i syniad fod y siop wedi mynd i gadw 'Nhad-cu hefyd, gan iddo wneud, a derbyn, llai o waith yn ei weithdy o hyd. Mae'r syniad yn aros hefyd ei fod weithiau'n troi gwaith heibio, am na fynnai ei wneud.

Ond i ddod yn ôl at y siop. Fe fu'n helpu cynnal nid yn unig Mam-gu a Nhad-cu ond, yn rhannol, y plant hefyd. Gwraig i wehydd yn Ffatri Derw oedd fy mam, ac o bob gwaith bron, gweu yn y ffatri oedd yn talu leiaf, yn enwedig pan fyddai'r edafedd yn frau ac yn torri'n aml yn y gwŷdd. Weithiau byddai cyflog fy nhad yn isel iawn. Bryd hynny, byddai Mam-gu'n gofalu fod bwydydd am ddim o'r siop yn ein cadw rhag angen. Roedd ffatri Derw yn y cyfnod hwnnw'n cyflogi rhyw ddeugain o fechgyn a merched, a chan fod y siop yn agos at y ffatri, fe ddeuai'r gweithwyr yno'n aml i brynu. Yn wir, roedd agosrwydd y ffatri yn llesol iawn i fasnach y siop.

Roedd melysion a phethau da'r siop yn dod i'm rhan i yn rhad ac am ddim – yn rhy aml o lawer er lles fy nannedd, a'm cylla hefyd weithiau – ac oherwydd ei charedigrwydd a nodweddion eraill a berthynai iddi, roedd fy mam-gu yn rhywun a hanner yn fy ngolwg. Addolai ei phlant, ei hwyrion a'i hwyresau hi fel pe bai'n frenhines. Beth wy'n ddweud. *Fel*? Roedd hi *yn* frenhines ein teulu ni heb os nac

Anti Polly, Mam-gu, Mam;
(y ferch fach yw Megan Eluned, fy chwaer).

oni bai. Ymffrostiai ei bod wedi darllen y Beibl drwyddo – bob gair a phennod – dair gwaith. Cofiaf imi feddwl fod yr orchest honno'n un anhygoel a haeddai edmygedd mawr iawn. Byddai'n adrodd hen faledi a darnau gwladaidd o farddoniaeth oddi ar ei chof wedyn, ac roedd ganddi stôr o bosau ar ein cyfer ni'r plant wrth y tân gyda'r nos – fel 'Dwmbwr, dambar lawr trwy'r stâr, beth yw *honey* [hynny] yn Gwmra'g?' neu:

> Fe aned baban yn Llangan
> Nid mab 'i dad na mab 'i fam,
> Nid mab i Dduw, nid mab i ddyn,
> Ac eto'n blentyn fel pob un.

Beth oedd e? Prin bod angen dweud mai'r ateb oedd – merch.

Roedd ganddi lawer eraill fel 'Beth sy'n mynd trwy'r clawdd gan dynnu 'i berfedd ar 'i ôl?' 'Beth sy'n mynd i Lunden heb roi troed ar y llawr' ac ati. Maent yn hysbys i lawer, mae'n siŵr. Byddai'n adrodd storïau am ysbrydion, toilïod a chanhwyllau corff wrthym yn ystod nosweithiau hirion y gaeaf, a chanddi hi y clywais i gyntaf am gŵn Bendith y Mamau.

Nid oedd gen i fwy na mwy o ddiddordeb mewn storïau felly, er eu bod yn gallu codi peth arswyd arnaf oherwydd y ffordd argyhoeddedig y byddai hi'n eu hadrodd. Ond roedd yna *un* stori felly a'm diddorai'n fawr, serch hynny. Roedd hi'n stori gwbwl eithriadol, yn fy marn i. Dyma'r stori yng ngeiriau Mam-gu:

> Pan oedd 'y nhad-cu'n fachgen ifanc roedd e'n arfer cysgu yn y storws wrth ben y ceffyle yn Glansiedi, sef hen gartre'r llinach, ac fe ddihunodd un nosweth yn orie mân y bore. Roedd e'n clywed sŵn rhyfedd – fel sŵn padelli pres yn taro'n erbyn 'i gilydd. Roedd y sŵn yn mynd yn fwy o hyd nes codi dychryn arno fe. Fe godod a mynd ma's i ben stâr y storws, a beth welodd e yn y gole leuad oedd Preis Rhydybenne, hen ŵr bonheddig

lleol, yn mynd heibio ar gefen 'i geffyl. Roedd e ar 'i ffordd adre o'r rhyfel – a'r sŵn fel padelli pres yn taro'n erbyn 'i gilydd oedd sŵn y wisg o ddur – *armour* – oedd amdano fe, yn clindarddach fel roedd y ceffyl yn carlamu.'

Dyna'r stori. Ni chlywais i un erioed yn gwbl 'run fath â hi. Ai stori ysbryd oedd hi? Efallai mai hen gof am rywbeth a ddigwyddodd i un o'r teulu ganrifoedd ynghynt ydoedd, a'r hanesyn wedi ei drosglwyddo i lawr o dad i fab. Diau i ryw Breis Rhydybennau fynd i ryfel i ymladd dros ei frenin neu ei dywysog, ac efallai iddo ddychwelyd un tro ar gefn ei geffyl yn hwyr ar noson olau-leuad, ac i glindarddach ei arfwisg ddur ddeffro rhyw hen, hen daid i mi, a oedd yn cysgu yn y storws uwchben y ceffylau. Beth bynnag, ni allaf i lai na chredu, hyd yn oed heddiw, mai stori wir oedd hon am ddigwyddiad gwirioneddol, ond a berthynai i gyfnod pellach yn ôl o dipyn na chyfnod tad-cu fy mam-gu. Mae hi'n stori mor rhyfedd ac mor wahanol – mae'n *rhaid* ei bod yn wir!

Gwraig ddarbodus, yn byw'n gryno iawn, oedd Mam-gu. Arferai ddweud nad oedd ar neb angen menyn ar ei fara os oedd ganddo gaws, ac ni fyddai hi ei hun byth yn defnyddio'r ddau gyda'i gilydd. Yn wir, cyfrifai fara cartre a chaws y danteithfwyd mwyaf maethlon a blasus o bob bwyd. Etifeddais innau ei hoffter tuag at gaws uwchlaw bron bob bwyd arall. Ond er ei bod yn ddarbodus roedd 'rhoi a rhoi o hyd', fel Pistyll y Llan, yn rhan o'i natur. Pan oeddwn i tua naw neu ddeg oed, darganfûm fod Mam-gu bob hyn a hyn yn rhoi symiau sylweddol (yn y dyddiau hynny) i bob un o'i phlant – yn union yr un faint i bob un. Yr hyn a wnâi oedd rhoi i gadw yr elw a ddeuai o'r siop bob yn dipyn bach nes byddai wedi casglu swm o gan punt. Yna, byddai'n galw'r plant ynghyd ac yn rhannu'r cyfan yn gyfartal rhyngddynt – a hynny yng ngŵydd ei gilydd – fel na fyddai amheuaeth fod un yn cael mwy na'r llall! Arferai ddweud ei bod yn rhannu ei da rhyngddynt felly – 'yn lle'ch bod chi'n disgwyl i fi farw i ga'l arian ar 'y ngiôl i!'

Pedair cenhedlaeth – Mam-gu, Emyr, Mam a fi.

Ni feddyliai am unrhyw dywydd garw a ddeuai i'w chwrddyd pan fyddai arni hi ei hun angen yr arian! Roedd ganddi ffydd berffaith y byddai 'Rhagluniaeth fawr y nef' yn gofalu amdani mewn amgylchiadau felly. Fe fûm i'n llygad-dyst i ddefod 'rhannu'r ysbail' ddwy neu dair o weithiau i gyd, ac i blentyn tlawd roedd gweld y sofrins (weithiau) a'r papurau punnoedd yn cael eu dosbarthu yn rhyfeddod mawr iawn!

Fel y dywedais yn barod wrth sôn am y siop, byddai'r dafol bob amser yn gwyro o blaid y cwsmer pan fyddai Mam-gu'n pwyso menyn, caws, lard neu beth bynnag, ond unwaith fe'i ceryddwyd yn annisgwyl gan hen drempyn o Wyddel a alwodd i brynu chwarter pwys o fenyn. Rhoddodd Mam-gu ddarn bychan o bapur gwêr (*grease-proof*) ar y dafol cyn mynd ati i dorri'r menyn i'w roi ar y dafol. Ond ni fynnai'r hen Wyddel mo hynny. 'Weigh it without the paper!' gwaeddodd yn sarrug, rhag ofn iddo golli pwysau'r darn papur o fenyn. Ond digon tebyg mai ef ei hun fu ar ei golled y diwrnod hwnnw, oherwydd tynnodd Mam-gu'r papur oddi ar y dafol a rhoi'r *union* bedair owns iddo wedyn.

Roedd Mam-gu'n 86 mlwydd oed pan gludwyd ei gweddillion i facpela'r teulu ym mynwent Capel Mair. Cofiaf yn dda edrych arni'n gorwedd yn ei harch agored ddeuddydd cyn yr angladd, y corff bach, pitw, wedi ei wisgo yn ei gŵn ddu orau a'r wyneb rhychiog, annwyl yn llonydd yn awr fel cerflun marmor. Ond y *dwylo* a dynnodd fy sylw, ac am rheini y cofiaf heddiw. Roeddynt yn fawr, fel dwylo dyn – dwylo llafurwr – a dreuliodd oes gyfan mewn caledwaith. Dwylo corniog, llydan oeddent, ac edrychent yn od fel rhan o gorff bach lluniaidd fy mam-gu. Ond adroddent yn huawdl iawn am ei llafur cyson dros ei theulu – ar yr aelwyd, yn y siop ac ar y ffarm. Sylweddolais innau'n llawn y diwrnod hwnnw faint ein dyled i'r dwylo.

Roedd fy mam-gu, fel fy mam hefyd, bron â bod yn Gymraes uniaith, ac ni allai'r un o'r ddwy gynnal un math o sgwrs yn Saesneg. Roedd 'na stori'n cael ei hadrodd gan fy mam-gu a oedd yn dangos mor unieithog oedd hi. Dyma'r stori:

Pan oedd hi'n ferch fach gartre ar y ffarm, un gorchwyl y disgwylid iddi ei wneud bob nos oedd gofalu cau'r hwyaid yn ddiogel yn eu cwtsh. Ond un noson cafwyd bod dwy ar goll, a bu raid i Mam-gu fynd i lawr y ffordd i edrych amdanynt. Ond cyn mynd ymhellach â'r stori, rhaid i mi egluro fod gan ffermwyr Sir Gâr, yn y dyddiau hynny, ffyrdd gwahanol o alw creaduriaid y fferm. 'Trwe fach! Trwe fach!' oedd yr alwad ar y gwartheg; 'Dic! Dic! Dic!' ar yr ieir, 'Shwt! Shwt! Shwt!' ar y moch a 'Wat! Wat! Wat!' ar yr hwyaid; 'Gîs! Gîs! Gîs!' ar y gwyddau, ac yn y blaen.

Yn awr ymlaen â stori Mam-gu. Wrth gerdded i lawr y ffordd, fe ddaeth Sais i'w chwrdd a dyma hi'n gofyn, 'Ych chi ddim wedi gweld dwy hwyad ych chi?'

'*What*?' meddai'r Sais.

'Ie, dwy wat fach,' atebodd Mam-gu!

Sipsiwn

Yn rhan o banorama fy mhlentyndod ym Mhentre-cwrt roedd y sipsiwn! Yn ymyl Bwlchmelyn gynt roedd darn o dir comin ar lan afon Siedi a oedd yn gyrchfan i sipsiwn. Yno, yn eu carafannau lliwgar, y deuai yn eu tro y Lovells, y Burtons, y Boswells, a'r teuluoedd crwydrol eraill na allaf fi gofio'u henwau bellach.

Gelwid y darn comin hwnnw yn 'Pisyn Padis' – 'Padis' oedd ein gair ni am sipsiwn.

Fe ddylid pwysleisio nad tinceriaid oedd y bobl yma fel llawer o'r rhai sy'n teithio heddiw yn eu carafannau modur, crand. Roedd gwaed y Romani yng ngwythiennau'r sipsiwn hynny a ddeuai yn eu tro i'r darn comin yn ymyl tŷ Mam-gu.

Ambell waith byddai dwy neu dair caráfan yn perthyn i'r un llwyth yn cyrraedd y comin yr un pryd; ac roedd hi'n olygfa gynhyrfus iawn. Deuent gyda'u milgwn, ieir a cheffylau ac, wrth gwrs, eu plant brown, carpiog yr olwg.

Fe fûm i'n chwarae droeon gyda phlant y sipsiwn, ond ches i erioed wahoddiad i mewn i'r un garafán. Byddai Mam yn fy nwrdio am gyfathrachu â phlant sipsiwn, nid am ei bod yn ffroenuchel, ond am y byddwn i, yn ddieithriad bron, yn mynd tua thre â thair neu bedair chwannen yn fy nillad a'r rheini'n brathu'n fileinig erbyn i mi gyrraedd y tŷ.

Er y byddai'r un sipsiwn yn dod yn eu tro o hyd, ac er i ninnau ddod i'w nabod wrth eu henwau, roedd yna ffin ddiadlam rhyngom. Pobl *wahanol* oeddem. 'Pobl tai' oedden ni, a Romani oedden nhw. A nhw, yn bennaf, fyddai'n gofalu cadw'r ffin. Er y byddai merched y sipsiwn yn dod i ddrysau'r tai i ymgreinio ac i fegian, doedd yna, rywsut, ddim colli urddas yn y peth. Os rhywbeth, nhw oedd yn edrych i lawr arnon ni! Cefais yr argraff droeon eu bod yn eu cyfri eu hunain yn bobl o waed purach – gwaed y Romani.

Y merched a'r gwragedd fyddai'n mynd o gwmpas y pentre gyda'u basgedi mawr yn llawn mân bethau i'w gwerthu, a chardota tipyn a dweud ffortiwn yr un pryd.

Roedd llawer o'r dynion yn arbenigwyr ar drin ceffylau, a byddent yn prynu a gwerthu yn y ffeiriau. Cofiaf yn dda am sipsi'n helpu fy Wncwl John pan oedd hi'n gyfyng arno. Fy Wncwl John oedd yn ffarmio Glansiedi (lle bu Mam-gu a 'Nhad-cu'n ffermio'n ddiweddarach), ac roedd ganddo gaseg ddu o'r enw Derbi. Roedd llond yr hen gaseg honno o'r diafol. Byddai'n gweithio'n hwylus weithiau, ond bryd arall byddai'n aros yn stond ac yn gwrthod symud o'r fan. Mae'n debyg mai 'rhwysgo' yw'r hen enw ar ymddygiad o'r fath mewn ceffyl neu gaseg.

Un prynhawn, roedd fy Wncwl John yn gyrru cart, a Derbi yn ei dynnu, yn ôl o'r orsaf yn Llandysul, gan ddilyn yr hen ffordd am Bentre-cwrt. Wrth ddilyn yr hen hewl, fel y'i gelwid, roedd y cart a'r llwyth glo oedd ynddo, yn mynd heibio ein tŷ ni, ac fe welais i'r cyfan a ddigwyddodd y diwrnod hwnnw.

Yn ymyl Geulanfelen, a gerllaw'r ffynnon lle byddem ni'n cael dŵr ar gyfer y tŷ, dyma'r hen Dderbi'n 'rhwysgo'. Fe benderfynodd yn sydyn nad oedd hi'n mynd gam ymhellach y prynhawn hwnnw nes byddai hi'n gweld yn dda.

Fe geisiodd Wncwl John ddefnyddio'r chwip oedd ganddo wrth law, ac fe waeddodd ar dop ei lais. Ond i ddim pwrpas. Âi'r gaseg ddim ymlaen nac yn ôl.

Daeth gwas ffarm y Cwrt gerllaw heibio ymhen tipyn. Pan gafodd ar ddeall sut oedd pethau, chwarddodd yn anghrediniol. 'Gadewch hyn i fi,' meddai'n hyderus, 'fe goda 'i gered arni nawr.'

Dringodd y clawdd yn ymyl, a chyda'i gyllell boced fe dorrodd bastwn hir a thrwchus, a dechrau lambastio'r gaseg nes bod llwch yn codi o'i chefn. Symudodd hi ddim.

Roedd rhyw bump neu chwech o bobol wedi crynhoi erbyn hyn, a minnau'n un ohonyn nhw. Aeth gwas y Cwrt tua thre heb ddweud gair pellach.

Yna, pwy welwyd yn dod tuag atom heibio i'r tro ond un o sipsiwn Pisyn Padis.

Roedd e'n nabod Wncwl John, ac wedi cael ar ddeall sut oedd pethau, dyma fe'n tynnu darn bach o bapur bawlyd o'i boced, a bocs o fatsys o boced arall. Taniodd fatsien a rhoi'r fflam wrth y papur. Pan ddechreuodd hwnnw gynnau a mygu, fe'i daliodd o dan drwyn y gaseg. Dyma hi bant ar unwaith fel petai hi'r eboles sionca yn y byd.

Drwy lwc, roedd y ffrwyn yn llaw Wncwl John ac ni fu'r hen Dderbi fawr o dro'n ei gludo ef a'r llwyth glo adre'n ddiogel i Lansiedi.

Chwip oedd gan Wncwl John, pastwn gan was y Cwrt. Darn o bapur yn llosgi ac yn mygu, a hwnnw'n cael ei ddal hyd braich o ffroenau'r gaseg, oedd meddyginiaeth y sipsi.

Clywais hen ffermwyr yn dweud fod gan y sipsiwn feddyginiaethau llesol nad oedd yr un milfeddyg wedi clywed amdanynt erioed.

Byddai gwragedd a merched y sipsiwn yn dod i siop fach Mam-gu i brynu rhai pethau fel bara, menyn, te a siwgr.

Un noson, yn bur hwyr, daeth dwy o 'ladis' Pisyn Padis i'r siop. Agorodd Mam-gu y drws iddyn nhw, ac fe brynodd y ddwy lond basged o nwyddau. Ond ar ôl llanw'r fasged, dywedodd y ddwy y byddent yn talu am bopeth drannoeth. A bant â nhw.

Pan gododd Mam-gu drannoeth, roedd Pisyn Padis yn wag a'r garafán wedi diflannu, gan adael dim ond 'dyrnaid o laswawr lwch ac arogl mwg lle bu', ys dywedodd Eifion Wyn.

Pan glywodd Mam ac Anti Martha am y digwyddiad hwn, fe fu'r ddwy wrthi'n dwrdio Mam-gu a'i galw'n ffŵl am ymddiried yn y fath adar brith. Haerent na welai'r un ddimai byth am y nwyddau a ddygwyd oddi arni.

Ac yn wir, fe aeth misoedd lawer heibio heb sôn am y garafán arbennig honno'n dychwelyd. Ond yn ôl y daeth hi un diwrnod, ac fe dalwyd y ddyled yn llawn ac felly fe gyfiawnhawyd ffydd Mam-gu ynddyn nhw.

Fe fyddai'r sipsiwn yn ceisio 'gwneud' siopwyr eraill y pentre yn ddigywilydd, ac yn llwyddo'n aml hefyd. Ond nid fy mam-gu! Beth sydd i gyfri am hyn? Ai ffydd oedd y tu ôl i'r cyfan? Efallai ei bod hi'n anodd i'r lleidr pennaf ddwyn oddi ar rywun sy'n ymddiried yn *hollol* yn ei onestrwydd! Hawdd, hwyrach, yw dwyn oddi wrth rywun sy'n credu, beth bynnag, mai lleidr ydych chi. Ond mae siomi rhywun sy'n credu'n sownd ynoch chi fel person y gellir ymddiried ynddo, yn weithred mwy ysgeler ac anoddach ei chyflawni. Credaf fod yr ateb yn y cyfeiriad yna yn rhywle.

Roedd rhai o ferched y sipsiwn yn lodesi digon hardd a gosgeiddig, yn arbennig felly rai o ferched llwyth, neu deulu'r Lovell. Yr harddaf ohonyn nhw i gyd, yn fy nghof i, oedd Edith Lovell. Edith oedd enw ei mam hefyd. Ond hen wraig wyneb rhychiog yn smocio pib glai oedd honno.

Mae hanes yr hyn a ddigwyddodd i'r Edith ifanc, brydferth yn werth ei ailadrodd yma, rwy'n meddwl.

Fe syrthiodd hi mewn cariad â rhywun nad oedd yn Romani, a hynny'n gwbwl groes i'r arfer, ac yn groes i ewyllys ei theulu. Sgotyn oedd y gŵr ifanc a enillodd ei serch, teiliwr wrth ei alwedigaeth, a oedd wedi crwydro o'i wlad enedigol mor bell â phentre Rhydlewis yn Sir Aberteifi. Pan gyfarfu ag Edith roedd yn gweithio am gyflog gyda'r teiliwr Dan Davies, ym mhentre Rhydlewis. Clywais Dan Davies yn sôn amdano fel crefftwr medrus iawn. Ei enw oedd Duncan Muir, ac mae'n debyg iddo gwrdd ag Edith yn ffair Castellnewydd Emlyn.

Ar waethaf gwrthwynebiad ei theulu, fe fynnodd Edith briodi'r teiliwr o'r Alban. O enau Dan Davies ei hun y clywais i weddill yr hanes.

Yn lle mynd i fyw mewn tŷ'n barchus fel pobl eraill, yr hyn a wnaeth y pâr ifanc oedd codi rhyw fath o babell ar Fanc Blaenwern, a mynd i fyw yno. Wyddon ni ddim p'un o'r ddau oedd yn gyfrifol am y trefniant rhyfedd yma. Roedd Duncan yn un o'r 'bobol tai' ac Edith wedi ei geni a'i magu mewn carafán grwydrol. Felly mae'n ddigon tebyg mai hi ddewisodd gychwyn eu bywyd priodasol mewn pabell ac nid mewn tŷ. Fe fu'r ddau'n byw gyda'i gilydd ar Fanc Blaenwern am rai misoedd, a phobl Rhydlewis yn cymryd diddordeb mawr yn eu mynd a'u dod.

Wedyn, roedd hi'n aeaf, a'r tywydd yn oer a gwlyb. Cafodd Dan Davies wybod gan Duncan fod bywyd yn y babell anniddos wedi mynd yn annifyr iawn.

Ond roedd yna gwmwl arall yn crynhoi uwchben priodas Duncan ac Edith.

Fe wyddai Dan Davies fod Duncan yn cael cyfnodau o feddwdod tost. Roedd y Sgotyn wedi ei adael ef droeon a mynd ar y bŵs – weithiau am wythnosau. Ond deuai'n ôl wedyn ar ôl sobri a mynd at ei waith fel 'tae dim wedi digwydd. Weithiau, meddai Dan, byddai'n mynd pan fyddai'r gweithdy ar ei fwyaf prysur – pan fyddai rhywun yn y pentre wedi marw, a galw mawr am fwrnin at yr angladd. Bryd hynny, byddai'n rhaid i'r teiliwr weithio mlaen hyd yr oriau mân. Ond, os deuai'r ysfa am ddiod heibio i Duncan ar adegau felly, mynd a wnâi e, heb feddwl dim am deimladau ei feistr.

Mae'n bosib na wyddai Edith am y gwendid hwn yng nghymeriad ei gŵr. Ond fe ddaeth i wybod! Fe ddaeth y diwrnod pan deimlodd y Sgotyn yr ysfa anorchfygol am ddiod, a bant ag e gan ei gadael hi, fel y gadawodd ei feistr droeon, wrthi'i hunan mewn pabell anniddos ar Fanc Blaenwern.

Rywbryd wedyn, a'r briodas wedi'i chwalu, fe aeth hi'n ôl at ei thylwyth, ac aeth Duncan, medden nhw, yn ôl i'w fro enedigol yn yr Alban. Stori ryfedd, ond un berffaith wir, serch hynny.

Fe fydd y rhai sydd wedi darllen fy nofel i am sipsiwn, *Tân ar y Comin*, yn gwybod 'mod i wedi defnyddio Edith a Duncan fel cymeriadau yn y nofel honno.

Potsian

Arian bach a enillai fy nhad fel gwehydd yn y ffatri wlân. Yn aml iawn byddai'r edafedd yn frau ac yn torri byth a hefyd. Pan dorrai edefyn, wrth gwrs, byddai'n rhaid stopio'r gŵŷdd i'w glymu. Byddai hynny'n gwastraffu amser, ac erbyn diwedd yr wythnos go ychydig oedd gan y gwehydd o gyflog i'w ddwyn adre i gadw'r teulu rhag angen.

Gan fod fy nhad yn hoff o'i lasied ac yn hoff hefyd o gnoi a smocio *Ringer's Superfine Shag*, roedd hi'n naturiol, hwyrach, iddo ef a nifer o'r gwehyddion eraill, edrych am ffyrdd i ychwanegu at yr ychydig a enillent yn y ffatri. Yn yr haf, byddent yn mynd i helpu wrth y gwair ar y ffermydd ar brynhawnau Sadwrn a chyda'r nos, ar ôl gorffen yn y ffatri ond, haf neu aeaf, roedd fy nhad hefyd yn botsiar dawnus a llwyddiannus, a byddai'r grefft honno yn dod â thipyn o elw iddo trwy gydol y flwyddyn. Byddai'n potsian ar diroedd Stad Llysnewydd, ac yn dal ysgyfarnogod, cwningod, ffesantod, hwyaid gwylltion ac ati, a hynny o dan drwynau'r ciperiaid. Ym marn y Cyrnol Lewes, Llysnewydd, roedd potsian yn weithred gwbwl atgas, i'w rhestru gyda llofruddiaeth a theyrnfradwriaeth a phethau ysgeler felly, ac ni ddihangodd fy nhad yn ddigosb bob tro.

Ond yn yr hydref, ac ymlaen at y Nadolig, nid tiroedd y Sgweier oedd y prif atyniad i botsiers ein pentre ni – ond yr afon. Afon Teifi, a lifai'n araf ac yn ddiog trwy ddolydd y Bercoed a'r Cwrt i lawr i Gwm Alltcafan. Yr amser hwnnw o'r flwyddyn deuai'r ieir-eogiaid i fyny'r afon o'r môr, ugeiniau a channoedd ohonynt, i ddodwy eu 'hwyau' yn y nentydd a'r afonydd llai a lifai i mewn i Deifi.

Nofient yn nannedd y llif o'r aber i fyny, ac erbyn cyrraedd Cwm Alltcafan byddai'r 'ieir' ('Trwm eu llwyth yn strem y lli') yn flinedig iawn. Ac yng ngenau Cwm

Alltcafan, yn union islaw'r bont roedd (ac y mae o hyd) rwystr yn eu ffordd. Hwnnw yw 'cored' Ffatri Alltcafan. Rhaid oedd iddynt gael hoe fach i atgyfnerthu cyn neidio'r gored, ac fe lithrent, felly, yn araf i mewn at y geulan lle roedd dŵr llonydd, er mwyn cael ysbaid o orffwys. Ac yno, o dan y coed, y byddai'r potsiers yn disgwyl. Yr erfyn a ddefnyddient gan amlaf oedd y gaff. Na, nid y gaff cyfreithlon a ddefnyddir gan bysgotwyr 'gonest' chwaith! Roedd 'adfach' i'r gaff a ddefnyddiai fy nhad a'r potsiers eraill, fel sydd i fachyn pysgota – hynny yw, roedd yna gynffon finiog y tu ôl i big y gaff i rwystro'r eog rhag gwingo'n rhydd unwaith y byddai wedi ei frathu. Clymai'r potsiers goes hir o bren wrth y gaff er mwyn gallu cyrraedd o dan y geulan lle llechai'r iâr-eog flinedig. Clywais fod cynifer â deunaw o eogiaid wedi eu tynnu o'r afon ar ambell noson, a gwelais dri ar ddeg o eogiaid mawr yn hongian dan lofft y gegin yn ein tŷ ni unwaith!

Ni fyddai'r un potsier fel arfer yn bwyta cig yr iâr-eog, waeth roedd ei chig allan o 'sesn' fel yr arferent ddweud. Beth, felly, oedd yr awydd mawr i'w dal? O, er mwyn cael y *gronell*, neu'r 'wyau', wrth gwrs. O'r rhain byddai'r hen fechgyn yn gwneud 'past'. Beth yw hwnnw, meddech chi? Dim ond y stwff gorau a fu erioed at ddal pysgod! Rwy'n cofio 'Nhad yn ei wneud ar ein haelwyd ni, gyda'r gofal mwyaf yn y byd, ac rwy'n meddwl y medrwn i fy hunan ei wneud yn awr pe bai galw am hynny. Ond nid yw'n fwriad gennyf olrhain y broses yn y fan yma, a thrwy hynny roi syniadau ym mhen eraill, gan fod defnyddio past yn anghyfreithlon, ac ni charwn fod yn gyfrifol am gymell neb i ddrygioni! Er mai fi yw'r pysgotwr salaf yn y byd, mae'n debyg, rwy'n cofio i mi ddefnyddio'r stwff yma unwaith pan oeddwn i'n grwt (cyn i mi wybod fod hynny'n fater o dor-cyfraith, wrth gwrs!). A'r fath helfa a gefais! Cyrhaeddais lan yr afon gyda'r dydd, pan nad oedd neb ond fi a'r gwartheg yn dystion i'r unig orchest a gyflawnais erioed fel pysgotwr. Cofiaf osod y wialen a'r tacl yn barod, yna tynnu allan y past o waith fy nhad, a rhoi 'joien' gron ar y bachyn. 'Joien o bast' oedd hi bob

Afon Teifi yng Nghwm Alltcafan a'r gored yn amlwg.

amser, fel 'joien' o faco! Lliw pinc sydd i'r past ac edrychai'r joien yn union fel ceiriosen fechan ar y bachyn.

Yna ei thaflu i'r dŵr. Cyn pen winc, dyma blwc anferth ar y llinyn, nes bod blaen y wialen yn plymio i'r afon. Tynnais frithyll mawr, graenus o'r dŵr. Cyn pen awr roeddwn i wedi tynnu tri ar hugain o'r pysgod brafia welsoch chi erioed o'r afon.

Fe fûm i'n pysgota droeon wedi hynny, gan ddefnyddio'r mwydyn coch, diniwed a chyfreithlon, heb ddal fawr ddim ond annwyd, ac erbyn hyn ni fyddaf i byth yn meddwl tynnu'r wialen o'i gwain gyda'r bwriad o fynd ar drywydd y brithyllod. Ond pe cawn i addewid am botaid bach o bast, a sicrwydd fod y beili dŵr yn ddigon pell, fe'i mentrwn hi eto!

Darllenais dro yn ôl am ornest bysgota ryngwladol a gynhaliwyd, os wy'n cofio'n iawn, ar lyn Tryweryn. Roedd pencampwyr mwyaf Prydain wedi dod ynghyd yno. Enillwyd y wobr gan rywun oedd wedi dal *un* pysgodyn bach tua naw owns, a hynny ar ôl bod wrthi drwy'r dydd! Aeth yr ail wobr i rywun oedd wedi dal un yn pwyso rhyw saith owns. Druiniad diniwed! Pe bawn i yno gyda llond gwniadur o bast a gwialen gollen las o'r clawdd, mi fuaswn wedi codi c'wilydd ar bob un ohonyn nhw!

Er bod fy nhad, cyn diwedd ei oes, wedi dod yn gryn gampwr ar wneud past, Tom Ffynnon-groes oedd y meistr mawr yn ein pentre ni. Ef hefyd oedd y prif bysgotwr. Pan âi ef i lan yr afon, byddai pethau'n gweithio rywbeth yn debyg i *conveyor belt* mewn ffatri. Byddai bob amser yn cario dwy wialen bysgota, ond byddai hefyd yn taflu gwastfachau i'r afon yma a thraw, a byddai'n gymaint ag y gallai wneud yn aml i gerdded yn ôl a blaen ar hyd ceulan yr afon yn tynnu pysgod o'r dŵr. (Rhyfeddod i mi oedd darganfod nad yw Bodfan yn rhoi'r gair 'gwastfach' yn ei *Eiriadur*. Nid yw yng *Ngeiriadur Prifysgol Cymru* chwaith! Ystyr y gair yw lein, a gỳt â bachyn wrth hwnnw.) Byddai'r hen botsiers yn clymu'r lein wrth wreiddyn neu gangen o lwyn ar y geulan ac yn taflu'r bachyn a'r joien arno i'r dŵr.

Byddai Tom Ffynnon-groes yn pysgota gyda dwy wialen a rhyw bedair gwastfach yr un pryd.

Cofiaf yn dda amdanaf i'n treulio prynhawn braf, ond llwm o helfa, ar lan afon Teifi un tro flynyddoedd yn ôl. Roeddwn wedi dal dau sildyn cywilyddus o fychan ar ôl bod wrthi am oriau. Ond gyda'r nos, pan oeddwn i'n barod i godi 'mhac a mynd tua thre, pwy welais yn dod tuag ataf ar hyd y ddôl ond Tom Ffynnon-groes.

'Fachgen!' meddai pan ddaeth hyd ataf, 'wyt ti'n dala?'

'Na,' atebais, gan geisio swnio'n ddeallus, 'mae wedi bod yn farw 'ma drwy'r prynhawn.'

'Oes joien fach gyda ti?'

'Na!' mynte fi. (Roeddwn i erbyn hynny wedi dysgu fod past yn anghyfreithlon, ac roedd Mam wedi dweud na chawn i byth swydd dda pe bawn i'n cael mynd i'r Llys am ddefnyddio'r fath beth.)

'E . . . licet ti drio un fach?'

Llais y Diafol yn fy nhemtio. Ysgwydais fy mhen.

Tynnodd Tom 'glincer' o'i boced. Gadewch i mi egluro. Roedd y rheilffordd yn rhedeg gyda glannau afon Teifi yn ymyl fy hen gartref i, a rhwng y rheiliau a'r *sleepers* roedd yna ddigonedd o'r *clinkers* yna sy'n weddill ar ôl llosgi tanau mewn ffwrneisi. Ac roedd tyllau neu rigolau dwfn mewn clincer fynychaf ac fe wnâi'r hen botsiers ddefnydd ohonynt at bwrpas arbennig. A minnau'n fab i 'nhad, nid oeddwn i heb wybod beth oedd y pwrpas arbennig hwnnw.

Wedyn, tynnodd y pysgotwr focs bach, crwn o'i boced. Fe wyddwn cyn iddo ei agor mai bocs past ydoedd. Rhoddodd ei fys yn y past pinc a rhoi rhywfaint o'r stwff ar y clincer, gan wasgu tipyn i bob rhigol a thwll.

'Watsia di nawr ble bydd hon yn disgyn,' meddai.

Taflodd y clincer ymhell allan i ganol y pwll. Disgynnodd gyda phlop a suddo i'r gwaelod.

'Nawr,' meddai, 'towla di'r mwydyn mas mor agos ag y galli di at y fan 'na . . . rhaid i ti gael rhywbeth gwell na'r ddou shildyn bach 'na i fynd adre i dy fam, w'!'

Teflais allan i ganol y pwll. Trois i wylio Tom wrthi wedyn yn paratoi ei ddwy wialen â dwylo cyflym, cyfarwydd. Cyn pen winc roedd y ddwy'n pysgota. Cerddodd i fyny'r afon dipyn wedyn a gwelais ef yn taflu ei wastfachau i'r dŵr. Roedd past ar fachau pob un.

Bydd pysgotwyr bach, parchus afon Teifi heddiw yn gwrthod credu'r hyn rwy'n mynd i'w ddweud nesaf. 'Waeth gen i am hynny.

Roedd yr afon wedi bod yn farw drwy'r prynhawn, fel rown i newydd ddweud wrth Tom Ffynnon-groes. Ond yn awr fe ddaeth yn gyffrous o fyw!

Un o wialenni Tom oedd y cyntaf i ddangos arwydd o'r cyffro. Clywais y rîl yn canu a gweld Tom yn dod yn ôl ar unwaith at y wialen, gan adael un wastfach heb ei thaflu i'r dŵr. Cydiodd yn y wialen, a oedd mewn perygl o gael ei thynnu i'r afon. Cododd brithyll braf yn folwyn i wyneb y dŵr. Yr eiliad nesaf roedd e ar y borfa'n gwingo fel arian byw.

Yna roedd fy rîl innau'n canu! Yna gwialen arall Tom, a'r gwastfachau i gyd, ac roedd y ddôl, cyn pen tri chwarter awr, yn gyfor o bysgod braf, a rhai ohonynt yn dal i wingo a neidio yn y borfa gan ein bod yn rhy brysur i'w lladd i gyd.

Ymhen awr, roedd Tom yn dirwyn ei wastfachau i mewn ac yn plygu ei ddwy wialen. Roedd e wedi llenwi ei fasged ac nid un i wastraffu ei amser ar lan yr afon oedd ef. Peth arall, roedd y *Black Horse* yn cau am ddeg, ac roedd hi erbyn hyn wedi troi wyth o'r gloch. Roedd cynnwys y fasged yn ddigon o sicrwydd na fyddai raid iddo fynd i'w wely'n sychedig y noson honno. Oedais innau ryw ychydig ar lan yr afon ar ôl iddo fynd. Ond ni fu fawr o hwyl ar bethau wedyn. Roedd yr hud wedi darfod gydag ymadawiad y dewin.

Pam roedd taflu clincer â phast arno i'r afon yn fy ngalluogi i i ddal pysgod wedyn – heb ddim ond mwydyn ar y bachyn? Yr ateb yw bod blas y 'past' yn y dŵr yn creu archwaeth at fwyd ar y pysgod, archwaeth mor gryf nes eu bod yn barod, ac yn awyddus, i neidio hyd yn oed at fwydyn.

Dychmygaf glywed pysgotwyr mawr y gornestau rhyngwladol – sildod y Gelfyddyd, o'u cymharu â Tom Ffynnon-groes – yn gweiddi ei bod yn hawdd dal pysgod â'r past anghyfreithlon. Ond tawent â sôn – roedd Tom yn bencampwr *par excellence* â'r bluen hefyd, a honno bob amser o'i waith ef ei hun ac yn gweddu'n berffaith i lif a lliw'r afon, y tymor a'r adeg o'r dydd.

Un stori a adroddir amdano hyd y dydd heddiw yw hon. Roedd hi'n arferiad 'slawer dydd yn ein hardal ni, pan fyddai rhywun yn sâl, i fynd â phryd o bysgod ffres o'r afon iddo. Roedd hyn yn arferiad gan bobl nad oeddynt yn bysgotwyr eu hunain, ac i'r *Black Horse* i edrych am Tom yr aent hwy gan amlaf. Os byddai rhywun yn gofyn iddo am bryd o bysgod ar fyrder, sef o fewn awr neu ddwy, fe fyddai, yn ôl yr hanes, yn mynd allan i gefn y dafarn cyn rhoi ei ateb, a byddai'n astudio'r awyr a chyfeiriad y gwynt am funud. Yna byddai'n dychwelyd i'r dafarn – ac os rhoddai ei air, fe fyddai'r pysgod yno ymhen awr neu ddwy. Ond os nad oedd yr arwyddion yn ffafriol ni fyddai'n mynd at lan yr afon i blesio neb.

Yn y ffatri wlân y gweithiai Tom Ffynnon-groes. Ryw gyda'r nos, pan oedd ef yn dychwelyd oddi wrth ei waith, roeddwn i'n pysgota yn afon Siedi, un o'r afonydd llai sy'n rhedeg i Deifi. Roedd hi wedi bod yn glawio'n drwm ac roedd llif yn yr afon. Stopiodd Tom am ennyd i'm gwylio. Fel arfer, nid oeddwn i'n dal dim.

'Tafla fan'co nawr,' meddai wrthyf, gan gyfeirio at grych bach yn y dŵr llwyd. Teflais yr abwyd i'r fan honno a theimlo plwc ar unwaith, a chyn pen winc roedd brithyll gweddol fawr wedi ei ddwyn i dir. Fe wyddai am bob pwll a phob crych ac am holl driciau pysgod a thywydd, a phan fu farw aeth llawer o gyfrinachau'r hen gelfyddyd o ddal pysgod gydag ef i'r bedd.

Ond nid y potsiers cydnabyddedig yn unig a fyddai'n defnyddio'r past ar ôl i'r arbenigwyr ei wneud. Byddai pobl barchus iawn yn galw yn Ffynnon-groes, ac yn ein tŷ ni hefyd, yn barod iawn i dalu punt am dipyn o 'stwff da'. Gwn am ysgolfeistr parchus a oedd yn hoff iawn o dreulio oriau lawer yn nhawelwch tangnefeddus glan yr afon, ond nad oedd yn fawr o bysgotwr. Deuai adre dro ar ôl tro â'i fasged yn wag. Yna fe'i cynghorwyd i brynu potaid bach o bast. Hynny a wnaeth, a mynd yn arfog i lan yr afon. Ond roedd mor anghelfydd yn rhoi'r past ar y bachyn fel y collodd lawer ohono ar draws ei ddillad. Yn wir roedd ei wasgod yn glêd coch i gyd ar ôl iddo fod yn pysgota am dipyn, a phe bai'r beili wedi dod heibio a'i weld, fe fyddai wedi bod yn ddrwg arno! Drwy lwc, ni ddaeth neb heibio'r noson honno, ond clywais i'w wraig roi stop ar ei bysgota â phast ar ôl hynny!

Roedd potsiers Pentre-cwrt yn enwog. Flynyddoedd ar ôl i mi adael yr ardal a mynd i ennill fy nhoc fel athro teithiol yn Sir Aberteifi, roeddwn i ryw ddiwrnod yn cael cinio hanner dydd mewn gwesty yn Aberaeron. Cyn i mi ddechrau bwyta, fe ddaeth gŵr bonheddig o Sais i mewn ac eistedd gyferbyn â mi. Roeddwn i'n ei adnabod ef yn dda er na wyddai ef pwy ar y ddaear oeddwn i. Gwyddwn mai hwn oedd, ar un adeg, y prif feili dŵr ar afon Teifi – Mr Thornton. Dechreuodd dynnu siarad â mi a holi o ble rown i'n dod. Pan ddywedais wrtho fy mod yn enedigol o Bentre-cwrt, ysgwydodd ei ben a dweud ei fod ef wedi cael llawer o drafferth gan botsiers cyfrwys y lle hwnnw. Yna aeth ati i adrodd hanesyn wrthyf.

Roedd e un diwrnod, meddai ef, yn gwylio'r afon o ben Pont Alltcafan gan gadw llygad yn arbennig ar y coed a'r drysi islaw'r gored. Yn sydyn, gwelodd rywbeth yn symud yn y drysi a daeth pen dyn i'r golwg. Pwysodd dros y bont i weld a oedd yno ragor nag un, ond ni allai weld ond yr un hwnnw. Fe wyddai'n iawn beth oedd neges y dyn yno – roedd e'n disgwyl i iâr-eog ddod at y geulan iddo ef gael ei bachu. Aeth Mr Thornton i fyny i ben ucha'r bont ac i mewn i'r coed uwchben y rheilffordd, gyda'r bwriad o ddisgyn i lawr ar ben y potsier heb iddo ei weld yn dod.

'Ond,' meddai'r beili, 'rhaid ei fod wedi fy ngweld neu fy nghlywed, oherwydd pan welais ef nesa roedd e wedi dod i fyny o lan yr afon i'r rheilffordd' (sy'n rhedeg trwy Gwm Alltcafan). Yna dyna hi'n ras! Rhedodd y potsier i

Pont Alltcafan a'r Ffatri Wlân.

mewn i'r twnnel hir sy lawr yng ngwaelod Cwm Alltcafan
– twnnel tywyll na all dyn weld ei law yn ei ganol. Roedd
Mr Thornton yn ddigon profiadol ac yn ŵr digon doeth i
beidio â mentro i mewn i'r tywyllwch ar ôl y potsier. Yr
hyn a wnaeth oedd dringo dros y graig i'r ochr arall lle
roedd pen pellaf y twnnel. Yno, meddai wrthyf, gwelodd y
dyn yn eistedd ar walcen fechan yn yr haul, *'twiddling his
thumbs'.*

'Aethoch chi 'mlaen ato?' gofynnais.

Ysgwydodd y gŵr bonheddig ei ben. *'There was no point,'*
meddai, *'I would have found nothing on him. The gaff and any
other illegal tackle would have been thrown away or hidden.'*

'So you let him get away with it?'

'There was nothing I could do,' meddai'r beili.

Ar ôl gorffen bwyta, cododd Mr Thornton, a chyda gwên
foesgar, gadawodd y bwrdd a mynd allan. Ni welais ef
byth wedyn. Erbyn hyn mae'n edifar gen' i na fuaswn wedi

dweud wrtho mai fy nhad oedd y dyn oedd wedi dianc i mewn i'r twnnel!

Cofiaf fy nhad yn gweu rhwydi dal cwningod yn y tŷ gartref yn ystod nosau hirion y gaeaf. Gweai rwydi bach (i'w rhoi dros dwll yn y clawdd pan fyddai'n defnyddio ffured i fynd trwy'r 'ddâr' neu trwy'r 'warin' fel y dywedem ni) a rhwydi mawr anferth o hyd wedyn i'w defnyddio yn y nos ar gaeau uwchben gelltydd o goed – fel y ceisiaf ddisgrifio yn awr.

Mae cwningod yn hoff iawn o wneud eu dâr neu warin mewn gelltydd bach a mawr, sy'n tyfu'n aml ar lannau nentydd ac afonydd. Mae mwy nag un rheswm am hynny, hwyrach. Yn un peth, mae lleoedd fel'na'n fwy diarffordd ac felly yn fwy diogel iddynt. Ond prin yw'r bwyd yn y gelltydd hyn, felly rhaid iddynt fynd i'r caeau cyfagos dan gysgod nos, i fwydo ar y borfa neu'r egin llafur. Byddant i ffwrdd o'u cartrefi yn y coed am oriau yn ystod y nos yn chwilio bwyd. Ac wrth gwrs, fe wyddai'r potsier hyn yn iawn. Ar ambell noson arw, dywyll, a'r gwynt yn chwythu o gyfeiriad y caeau tuag at y coed, byddai 'Nhad a photsiers eraill y pentre yn mynd allan â'r 'rhwyd fawr' fel y'i gelwid hi, ac yn ei gosod yn ddistaw ac yn ofalus wedyn ar draws y ffin rhwng y coed a'r cae. Yna byddai dau ohonynt yn mynd yn llechwraidd i ben pella'r cae i erlid y cwningod yn ôl i gyfeiriad yr allt. Yn aml, nid oedd angen eu cymell, oherwydd byddent yn rhedeg am y coed ar y sŵn lleiaf. Ond byddai'r potsier gan amlaf yn ysgwyd bocs matsys hanner llawn yn ei law, i greu sŵn nad oedd yn ddigon uchel i dynnu sylw clust dynol ond a oedd yn ddigon i ddychryn y cwningod. Clywais am botsiers yn cael helfa fawr yn y ffordd hon. Ond er i mi fynd ddwywaith neu dair, gydag eraill, i geisio dal cwningod yn y modd yma, ni fu llawer o lwc i'r fenter. Un tro, daethom adre gydag un gwningen yn unig ar ôl yr holl drafferth o osod y rhwyd fawr yn ei lle. Sylwais nad oedd angen brysio i gael eich dwylo ar gwningen a oedd wedi mynd i'r rhwyd fawr. Go anfynych y byddai'n dianc, er y gallai wneud yn hawdd pe bai hi'n troi *yn ôl* a rhedeg i gyfeiriad arall. Ond *yn ei blaen* y mynnai hi fynd o hyd, ac er iddi lwyddo i'w rhyddhau ei hun weithiau, yn ôl i afael y rhwyd y mynnai fynd wedyn gan geisio gwthio'i ffordd drwyddi. Weithiau fe redai llwynog neu fochyn daear i'r rhwyd, a dyna lle byddai llanast wedyn – y rhwyd yn yfflon a'r helfa wedi dianc.

Fe gawsom ni, blant tlawd y pentre, ein codi ar gig cwningen. Ond nid oes angen cywilyddio o achos hynny, oherwydd ni wn i am well blasusfwyd, na phryd mwy maethlon, na chig cwningen wedi ei rostio yn y ffwrn gyda darn o facwn. Dim ond erbyn cinio dydd Sul y byddem yn prynu cig eidion neu faharen. Rhywbeth rhwng y swllt a'r deunaw ceiniog a gaem ni am y cwningod yn y dyddiau hynny. Yn Aberystwyth y dydd o'r blaen gwelais un wedi ei blingo a'i rhoi mewn cwdyn plastig ar werth mewn siop am 65c – tri swllt ar ddeg yn yr hen arian! Phrynais i ddim mohoni. Ond pe cawn i gynnig un â'i chroen amdani, yn ffres o'r coed a'r caeau, fe dalwn y pris hwnnw amdani'n llawen.

Roedd ein pentre ni a'r cyffiniau, fel y dywedais eisoes, yn perthyn bron yn gyfan gwbwl i stad Llysnewydd, a byddai'r Cyrnol Lewes yn cadw dau neu dri o giperiaid i warchod y gêm ar y stad. Er mai mewn ffesant, petris a llwynogod yr oedd prif ddiddordeb y Cyrnol, byddai'n cynddeiriogi o glywed bod unrhyw botsier *â gwn* wedi ei ddal ar unrhyw un o ffermydd y stad. Nid oedd yn fodlon i botsier gael hyd yn oed gwningen o'i dir, er bod y rheini mor niferus nes gwneud dirfawr ddrwg i gnydau'r ffermydd. Clywais iddo fygwth notis ar ffermwr am fod ei fab wedi ei ddal yn 'maglo' ar y ffarm (sef dal cwningod mewn maglau). Ond gallai'r magl ddal llwynog, neu ffesant hefyd. Nid oedd neb bryd hynny'n gweld dim yn rhyfedd yn y ffaith fod dyn yn talu rhent uchel am ei ffarm ac eto heb yr hawl i ddal cwningen wyllt ar ei dir. Nid oedd ffarm Llwynderw'n rhan o stad Llysnewydd, ond mewn rhyw fodd roedd y Cyrnol wedi trefnu â'r perchennog mai ef oedd piau'r gêm ar y tir.

Daliwyd fy nhad yn cerdded ar y ffordd â gwn ar ei gefn. Drwgdybiai'r ciper a'i daliodd ei fod wedi bod yn tresmasu ar dir y stad a chafodd fynd o flaen ei well yn y 'Cwrt Bach' yng Nghastellnewydd Emlyn. Cadeirydd y Fainc oedd – wel, y Cyrnol Lewes, wrth gwrs! Roedd gan y Cyrnol un diddordeb mawr arall ar wahân i'r gêm ar ei stad – a hwnnw oedd y milisia yr oedd ef yn Gyrnol arno. Rwy'n meddwl mai'r *Carmarthen and Pembrokeshire Yeomanry* oedd enw llawn y milisia yma. Beth bynnag, cofiaf fy nhad yn adrodd droeon fel y cynigiodd y Cyrnol iddo dalu dirwy drom, neu ymuno â'r milisia a mynd yn hollol rydd! Mae'n syndod cyn lleied o amser sydd er pan oedd y Sgweier lleol yn ddeddf ynddo'i hun!

Dyn mawr, coch ydoedd, ac rwy'n ei gofio amlaf ar gefn ceffyl. Ar wahân i'r obsesiwn ynghylch y milisia a'r potsian, ni chofiaf imi glywed ei denantiaid yn cwyno'n arw amdano erioed. Felly, rhaid ei fod yn hen fachgen digon dymunol. Ond rwy'n siŵr y byddai'n hapusach pe bai wedi byw mewn oes gynharach pan oedd hi'n gyfreithlon i roi cosb drom iawn, hyd at grogi, ar ddyn wedi'i ddal yn dwyn cwningen oddi ar dir y Sgweier.

Dywedir ei fod yn ddyn joli iawn ar ddiwrnod cinio rhent pan âi'r tenantiaid i gyd i wledd yn y Plas. Erbyn heddiw nid oes maen ar faen o'r hen blas hardd yn aros ar y doldir glas ar lannau afon Teifi ger pont Henllan, ac mae'r ffermwyr a fu'n denantiaid gostyngedig i'r Cyrnol yn berchen eu ffermydd bron i gyd. A'r gêm? Wel, 'choelia i byth fod holl botsiers bro fy mhlentyndod wedi darfod o'r tir!

Y Garreg Ogam

Pe na bawn i wedi mynd yn athro buaswn wedi hoffi bod yn archaeolegydd. Er pan oeddwn yn ifanc iawn rwy'i wedi cymryd diddordeb mawr mewn adfeilion a hen bethau felly. Ac unwaith yn fy mywyd fe wnes i ddarganfyddiad archaeolegol pwysig – er na chefais i ddim clod na chydnabyddiaeth am hynny! Fi, a neb arall, coeliwch neu beidio, a ddaeth o hyd i GARREG OGAM CAPEL MAIR yn gorwedd yn y ddaear.

A dweud y gwir yn onest, ailddarganfod y garreg wnes i. Roedd haneswyr ac ysgolheigion yn gwybod am ei bodolaeth cyn i mi ei chodi o'r ddaear. Ond roedd hi wedi bod ar goll am ganrif a rhagor. Roedd hi wedi diflannu fel petai'r ddaear wedi ei llyncu! Roedd Syr John Rhŷs, ac ysgolheigion eraill o Brydain a Ffrainc wedi bod yng Nghapel Mair (fy hen ysgol i, sydd bellach wedi ei chau) yn chwilio'n ofer amdani. Roedden nhw hyd yn oed yn gwybod beth oedd yr arysgrifen ar y garreg . . .

Ar ymylon y garreg wedyn roedd yr un neges mewn Ogam, sef yr hen wyddor Wyddelig, a'i llythrennau wedi eu ffurfio o linellau neu rigolau o wahanol hyd. Yn *Atlas Hanesyddol Ceredigion* gan W. J. Lewis, dywedir bod un ar ddeg ar hugain o hen feini ac arysgrifau arnynt yng Ngheredigion. 'Meini Ogam yw'r tri sydd ger Rhuddlan

(Teifi), yn Llanarth, ac yn agos i Landysul' meddai'r awdur. Dim sôn, sylwch am Gapel Mair! Ond am garreg Capel Mair y mae yn sôn serch hynny.

Â Mr Lewis ymlaen i ddweud fel hyn am y Cerrig Ogam: 'Y Gwyddelod a fu'n byw yn yr ardal tuag amser Cunedda a'u cododd . . .'

Carreg fedd oedd carreg Capel Mair, felly, i fab y Gwyddel, Brychan (*Brocagne*), ac enw'r mab (wedi ei Ladineiddio) oedd *Deca Barbolom*. Mae'r garreg yn hen iawn, yn dyddio o tua phum can mlynedd Oed Crist. Roedd hi wedi ei cherfio fil a phump cant o flynyddoedd yn ôl.

Ond i ddod 'nôl at hanes ailddarganfod y garreg. Roedd Syr John Rhŷs, ar ôl holi a chwilio llawer, wedi mynd i gredu fod y garreg wedi ei chwalu a'i rhoi'n ddarnau yn wal un o dai mas ffarm Danycapel yn ymyl yr ysgol, ac nad oedd diben mewn chwilio na chloddio rhagor amdani. Yn wir, roedd y diweddar John Jones, Bancyffordd, hanesydd lleol a gŵr diwylliedig a gwybodus iawn, yn teimlo'n sicr mai ym muriau tai mas Danycapel yr oedd hi. Gyda llaw, roedd John Jones unwaith wedi dod o hyd i hen gleddyf rhydlyd yn ymyl Castell Capel Mair, sydd yn awr bron â mynd o'r golwg yn y drain a'r drysi.

Ond – a dyma ddod at y stori o'r diwedd – yn 1933–4, os wyf yn cofio'n iawn, pan oeddwn i'n rhyw ddeunaw oed, fe benderfynodd pobl cylch Capel Mair fod angen gosod pibau i ddod â dŵr i'r ysgol. Fe fu raid cludo'r dŵr o gryn bellter, sef o ffynnon Blaengwrfach i fyny ar ben y bryn, ac roedd angen agor ffos hir trwy nifer o gaeau, i osod y pibau ynddi. Fe wnaethpwyd y gwaith yma gan wirfoddolwyr – yn gwbl ddi-dâl. Fe roddodd pob cyn-ddisgybl o'r ysgol ddiwrnod neu ddau yn ôl ei allu, i ddwyn y gwaith i ben. Ac roeddwn i'n un o'r gwirfoddolwyr hynny.

Fforman, a phrif gynllunydd y gwaith, oedd John Jones, Bancyffordd, ac un prynhawn roedd ef a minnau'n cloddio ffos yng nghae Tanycapel, ryw ugain llath o'r ysgol. Roedd ef yn ceibio ac yn rhofio ryw ddecllath oddi wrthyf i. Yn sydyn, trawodd fy mhicas ar garreg. Fe geisiais gael blaen y bicas am un pen iddi, er mwyn ei chodi o'r ffordd. Ond roedd hi'n rhy fawr i'w chodi ar unwaith, ac fe fu raid clirio tipyn o'i chwmpas yn gyntaf. Treio eto â'r bicas – a'r tro hwn dyma lwyddo i'w chodi. O'r fan lle safwn i, doedd hi ddim yn edrych yn wahanol i unrhyw garreg lwyd arall. Ond cyn gynted ag y'i codais hi i fyny ychydig fe ddaeth y wyneb i waered i'r golwg – nid i mi – ond i John Jones oedd yn sefyll yn uwch i fyny. Fe waeddodd ar dop ei lais, 'Aros!' Yna roedd e'n rhedeg tuag ataf fel dyn gwyllt. 'O, bydd yn dirion wrthi!' meddai, â golwg wyllt ar ei wyneb. Edrychais yn syn arno. Beth oedd yn bod ar y dyn? 'Gad hi lawr . . . gan bwyll bach,' meddai wedyn, 'rwyt ti wedi dod o hyd i'r garreg!'

Wedyn fe welais innau'r arysgrifen anghelfydd.

Fe fuon ein dau yn dra gofalus wedyn, ond roedd fy mhicas wedi torri darn o'r hen garreg cyn i ni ei chodi o'r ddaear. Fe gofiaf byth am yr hen John Jones yn ei hanwylo â'i ddwylo corniog, a rhyw wên nefolaidd ar ei wyneb. Fe fu'n gwthio'i fysedd i'r pridd i geisio dod o hyd i ddarnau eraill o'r hen garreg, ond ni chafwyd dim. Roedd e'n synnu'n fawr iawn fod y garreg wedi bod yn gorwedd yno yng nghae Tanycapel – mor agos i'r wyneb – am gyhyd o amser heb i neb ddod o hyd iddi.

Ar ôl iddo ddod dros y llawenydd a'r rhyfeddod o weld Carreg Ogam Capel Mair yn atgyfodi, fel petai, fe ddywedodd fod rhaid mynd ar unwaith i ffonio'r Cyrnol Lewes, Llysnewydd, am mai ef oedd perchen y tir y'i cafwyd hi ynddo. Ac yn wir, cyn pen dwy awr, roedd y gŵr bonheddig wedi glanio yn y cae ac roedd yntau hefyd yn llawn chwilfrydedd.

Roeddwn i erbyn hyn yn dechrau teimlo dipyn yn bwysig, a phan glywais y Cyrnol yn dweud fod rhaid ffonio'r *Western Mail* ar unwaith, fe ddechreuais freuddwydio am weld fy enw – a'm llun – yn y papur! Nid yn y *Tivy Side* na'r *Journal* – y papurau bach lleol – ond yn y *Western Mail* a oedd yn mynd i bob rhan o Gymru!

Ac yn wir, fore trannoeth, fe ddaeth gohebydd y papur pwysig hwnnw o rywle, ac fe fu'n holi a'i lyfr bach yn ei law. Roeddwn i yn y seithfed nef. Edrych ymlaen wedyn at gael y *Western Mail* drannoeth. Ond o'r siom! Dim ond rhyw bwt byr ydoedd, ar waelod tudalen yng nghanol y papur – rhyw bum neu chwe llinell – dyna'i gyd. Ac fe gofiaf byth frawddeg olaf yr adroddiad: 'The stone was discovered by a workman'! Fe fûm i'n ddig wrth y *Western Mail* am flynyddoedd wedyn.

Beth ddigwyddodd i'r hen garreg? Fe fu pobl yr Amgueddfa yng Nghaerdydd yn ceisio'i chael, ond fe benderfynodd y Sgweier Lewes nad oedd hi ddim yn cael ymadael â'r fro lle roedd hi wedi bod ers canrifoedd. Fe brynwyd câs gwydr iddi a gosodwyd hi yn eglwys Capel Mair, lle y gellir ei gweld hyd y dydd heddiw. Ond fe garwn i fy hun ei gweld yn cael ei symud bellach i'r Amgueddfa'r Sir yng Nghaerfyrddin, lle y gall llawer iawn mwy o bobl gael cyfle i edrych arni.

Tîm Criced Pentre-cwrt

Nid heb betruso y penderfynais i roi ar gof a chadw rai o helyntion rhyfedd tîm criced Pentre-cwrt gynt. Gan fod gennyf hanesion pur anhygoel i draethu amdanynt, tybiais i gychwyn mai gwell fyddai tewi â sôn. Ond wedyn teimlwn yn fy nghalon, rywsut, na ddylai hanes y tîm enwog hwnnw fynd heb ei groniclo. Felly dyma fwrw iddi, gan obeithio na fydd y darllenydd ar ôl darllen yr hanes yn amau fy ngeirwiredd!

Rwy'n mynd i sôn am hafau hirfelyn, tesog y 1930au cynnar – rhyw saith deg mlynedd yn ôl, bellach.

Wn i ddim sut y daeth y tîm criced i fodolaeth yn y lle cyntaf – mae'n anhygoel ei fod wedi'i ffurfio o gwbl, gan nad oedd gennym offer na chae na chlwb y tu cefn i ni, a'r unig ymarfer a gafodd y rhan fwyaf ohonom oedd gyda phêl rwber a styllen neu hanner post ffens yn fat, a wal gyfleus yn wiced.

Ond rywfodd, fe ddechreuwyd siarad am gasglu arian i brynu offer (ac roedd casglu arian yn y dyddiau hynny, pan oedd dimai ar blât yr Achos yn gyffredin, yn weithred a alwai am ffydd nid bychan). Ond, coeliwch neu beidio, fe gafwyd digon o fodd i brynu tri bat, dau bâr o wicedi, dwy bêl ledr a menig mawr i'r ceidwad wiced.

Gwyddem o'r cychwyn y byddai'n rhaid dibynnu ar drugaredd ffermwyr y fro am gae i chwarae arno ac, yn wir, bu Sam Davies y Cwrt, bendith arno, yn dra charedig wrthym, a chafwyd hawl i fynd i ddôl wastad ar lan Teifi i roi prawf ar ein hoffer newydd. Buom wrthi'n ddygn yn ceisio paratoi wiced. Nid oedd gennym ond crymanau i dorri'r borfa (roedd hyn cyn dyddiau'r peiriant torri porfa), ac nid oedd dim ond rowler ffarm i wneud y llain yn wastad. Ond o roi deg o fechgyn ar ben y rowler a deg i'w thynnu, fe gyflawnwyd gwyrthiau.

Y trwbwl mawr oedd gwartheg y Cwrt, a oedd (fel y tlodion), bob amser gyda ni. Deuent yn dorf syn o'n cwmpas i'n gwylio'n ymarfer (yn wir, hwy oedd yr unig gynulleidfa a feddem), a phan aem tua thre ar ôl iddi nosi, cerddent ar draws y wiced gan ei defnyddio fel y man mwyaf dymunol ar y ddôl honno i wneud eu busnes. Y canlyniad oedd bod rhaid inni, bob amser bron, rofio pentyrrau o ddom da oddi ar y wiced cyn y gellid gwneud dim â hi. Teimlem dipyn o gywilydd ynghylch hyn pan ddeuai timau o bentrefi eraill i chwarae yn ein herbyn. Ie! Roeddem ni yn awr wedi dechrau cysylltu â phentrefi pell ac agos ac wedi eu herio i chwarae yn ein herbyn. Nid oedd y fath beth â chynghrair bryd hynny – roedd yn rhaid taflu sialens allan i'r timau oedd yn bodoli yn y cylch. Buom yn fawr ein llwyddiant yn y gornestau hyn, er nad oedd gennym, hyd y cofiaf, lawer o sêr yn ein tîm. Ond roedd gennym geidwad wiced heb ei ail – Dai Bwlchyfallen. Cyrcydai fel corryn y tu ôl i'r stwmps a disgynnai ar y bêl fel barcud ar ben cyw os byddai'r batiwr wedi cyffwrdd â hi neu wedi camu allan o'r *crease*. Roeddwn innau'n droellwr araf (llaw chwith) pur beryglus ar brydiau, ac roedd y ceidwad wiced a minnau'n deall ein gilydd i'r dim. (Ond nid wyf am chwythu rhagor o'm corn fy hun!) Roedd gennym ein bowliwr cyflym wedyn – Tom Bercoed – a godai arswyd yng nghalon y batiwr dewraf wrth daranu i lawr y llain cyn hyrddio'r bêl fel bwled at y wiced.

Aeth sôn amdanom ar led, a mawr iawn oedd yr hwyl a gafwyd yn y gornestau gyda'r nos hynny! Byddai'n aml wedi tywyllu cyn y byddai'r belen olaf wedi ei bowlio. Cofiaf am un noson fythgofiadwy ym Mhencader a ninnau eisiau *un* rhediad i ennill oddi ar y belen olaf – a chysgod nos wedi disgyn dros y llain. Lyn Maesawelon yn batio. Dyma'r belen olaf yn dod tuag ato drwy'r hanner tywyllwch. Fe'i trawodd hi – ond nid yn lân nac ymhell. Cododd i fyny oddi ar ei fat – taro'i gorff a disgyn i mewn i dop y 'pad'. Ble'r oedd y bêl? Ni wyddai neb. Safodd Lyn

Rhai o gymeriadau Pentre-cwrt ar ddiwrnod Carnifal (sylwer ar yr enw hanner Saesneg, crand, 'Pentrecourt').

yn ei unfan am foment – yna rhedodd nerth ei draed a llwyddo i gwblhau'r rhediad oedd ei angen arnom ni i ennill! Hawliwyd y gêm i Bentre-cwrt. Fe fu rhai o'r tîm arall yn holi beth oedd wedi digwydd i'r bêl, ond roedd hi'n nosi'n gyflym a'r borfa'n uchel yn y cae – a'n pêl ni oedd hi beth bynnag! Ond hyd y dydd heddiw ni wn i beth yw'r rheol mewn amgylchiad fel yna.

Ni fu'r tîm heb ei helbulon cofiwch. Digwyddodd un trychineb oherwydd diofalwch ein seren, Dai Bwlchyfallen. Rywsut neu'i gilydd fe adawyd menig mawr y ceidwad wiced ar y ddôl ar lan Teifi un noson. Pan aed ati i edrych amdanynt yn y bore, roedd un o wartheg y Cwrt wedi bwyta un ohonynt bron yn llwyr! Fe fuom mewn mawr ofid ynghylch y fuwch honno, ond daeth trwy'r brofedigaeth heb unrhyw effeithiau drwg.

Ni fyddai'r cronicl hwn yn gyflawn heb sôn am Jim Maesyrafon. Er fod Jim yn aelod cyson o'r tîm, prin y gellid dweud fod ei holl galon yn y gwaith – roedd pethau dibwys fel pysgota a ffereta yn mynd â'i fryd hefyd. Un tro, a minnau'n gapten y tîm (ac yn teimlo'r anrhydedd i'r byw), fe roddais orchymyn i Jim sefyll mewn man arbennig ar y cae er mwyn iddo fod yn barod i ddal batiwr y tîm arall allan, ar ôl i mi fowlio math o bêl arbennig ato. Ac yn wir, fe lwyddais i ddenu'r batiwr i daro'r bêl, yn yr awyr, i'r union fan lle roedd Jim wedi ei osod. Ond erbyn hynny nid oedd ef yno! Gofynnais iddo pam roedd wedi symud – a'r ateb a gefais oedd fod ysgallen yn tyfu yn y fan honno a'i fod wedi symud rhag iddo gael ei frathu ganddi!

Bryd arall, pan oedd Jim wedi ei osod i faesu ar y ffin yn ymyl clawdd, fe aeth y creadur ar goll yn llwyr. Canfuwyd nad oedd ar y maes o gwbwl a bod ein tîm ni, felly, un aelod yn brin.

Ymhen hir a hwyr, fe ddaethom o hyd i Jim yn y cae 'rochor draw i'r clawdd. Roedd e wedi gweld madarch gwyn, braf yn y cae hwnnw, ac o gofio'r hen ddihareb, 'Cynta i'r felin gaiff falu', wedi mynd dros y clawdd i gasglu llond ei gap o'r grawn unnos, gan adael y rhan honno o'r ffin heb ei gwarchod! Efallai y gellid dweud am Jim mai cricedwr 'rhan-amser' ydoedd. Wrth edrych yn ôl heddiw, rwy'n gallu gweld nad oedd ei galon yn y gwaith!

Nid yw cricedwyr meddal yr oes hon, a'u lleiniau llyfn, trwsiedig, yn gwybod dim am y problemau a'n hwynebai ni gynt! Âi'r bêl ar goll yn y borfa hir yn aml, neu fe ddisgynnai mewn teisen o ddom da ffres, a byddai'n raid ei glanhau wedyn cyn ailgychwyn y chwarae, ac yn y cyfamser byddai'r batwyr yn croesi am lawer mwy o rediadau nag a haeddent.

Fe allwn fynd ymlaen ac ymlaen – ond rhaid cau pen y mwdwl rywbryd! Wrth derfynu, fe garwn dalu fy nheyrnged i'r cricedwyr hynny a fu'n dangos eu doniau llachar ar ddôl Cwrt ar lan Teifi hanner can mlynedd yn ôl . . . Dai Glyncaled, batiwr yn yr un mowld â Geoff Boycott, a'r un mor ddygn; Tom a John Bercoed, y cyntaf yn fowliwr cyflym yn nhraddodiad Fred Trueman a'r llall yn fatiwr gosgeiddig o'r iawn ryw. Cyfeiriwyd eisoes at ein ceidwad wiced, Dai Bwlchyfallen. Ef oedd bŵl neu echel yr olwyn – canol y cyfan. O'i gwmpas ef y byddai pob gêm yn troi ac roedd ei anffaeledigrwydd tu ôl i'r wiced yn ddiarhebol. Jim a Sam Maesyrafon, Lyn Maesawelon, Merfyl – dyna rai yn unig o'r enwau sy'n perarogli yn y cof o'r cyfnod pan oedd enw tîm criced Pentre-cwrt yn dychrynu pob tîm arall yn nyffryn Teifi, a thu hwnt. Fe alla i ddweud wrth gricedwyr ifainc Pentre-cwrt heddiw – fel y dywedodd Abiah Roderic yn ei ddarn i'r 'Hen Bobol', 'Mae gyda chi lot o ffordd i fynd cyn 'u dala nhw'.

Williams Pontfân

Stacan bach, byr, bywiog ei gam a thrwsiadus ei wisg bob amser oedd Williams. Trigai wrtho'i hunan mewn tŷ a oedd yn prysur ymddadfeilio o gwmpas ei glustiau, ac a oedd yn llawn 'hyd y twret' o gylchgronau a newyddiaduron wedi hen felynu gan oed.

Ar un cyfnod yn ei hanes roedd e wedi bod yn gweithio mewn siop ddillad fawr yn y De, ac fe ellid gweld rhai o nodweddion y *shopwalker* yn ei gerddediad o hyd. Ond erbyn i mi fod yn ddigon hen i'w nabod, doedd e ddim yn gwneud unrhyw fath o waith, ac ymddangosai fel petai'n byw ar ei arian, waeth nid oedd yn tynnu dôl nac yswiriant na dim.

Ond yn raddol bach, fel y cofiaf, fe waethygodd ei raen ac fe aeth y dillad yn llai trwsiadus o ryw fymryn, a hynny'n profi nad oedd hyd yn oed Williams wedi meistroli'r gamp o fyw heb weithio. (Pe bai'n fyw heddiw, wrth gwrs, ni châi unrhyw anhawster yn y byd.)

Wrth weld y dirywiad ynddo, barnai pobl dda'r ardal fod yr ychydig a oedd ganddo wrth gefn wedi dod i ben, ac roedd cryn chwilfrydedd yn ein mysg beth a ddigwyddai nesaf.

Roedd Williams yn ddyn balch, ac ni chymerai'r byd am gyfaddef wrth neb ei bod hi wedi mynd yn galed arno. Gwyddem hefyd na fyddai ei falchder diniwed yn gadael iddo ymaflyd mewn unrhyw fath o waith. Yn wir, rywfodd neu'i gilydd, ni allem feddwl am unrhyw fath o waith a fyddai'n addas iddo. Fe allem ni'r llanciau weithio wrth y gwair, neu fynd i botsian am gwningod, er ennill tipyn o bres poced, neu, pe byddem am waith mwy parhaol, fe allem ei gael yn un o'r ffatrïoedd gwlân yn y pentre. Ond nid Williams, nid Williams!

Fe aeth amser heibio, ac fe aeth Williams i'r arfer o droi'r dydd yn nos, hynny yw, fe orweddai yn ei wely tan yn hwyr y prynhawn ac aros ar ei draed drwy gydol y nos bron. Cofiaf i mi gael dychryn mawr un tro pan oeddwn yn dychwelyd o eisteddfod Pencader yn oriau mân y bore ar gefn beic – wrth weld hwdwg du yn codi'n sydyn o bynfarch y Felin, a redai heibio i fwthyn Pontfân. Nid ysbryd oedd yno, ond Tom Williams yn ymolchi wrth olau'r lleuad!

Byddem ni, lanciau'r pentre, yn mynd i'r tŷ ato'n aml gyda'r nos yn y dyddiau hynny, am fwgyn a sgwrs, ac yno y byddem tan hanner nos yn aml yn gwrando ar Williams yn adrodd hanesion . . . 'pan oeddwn i yn y Siop, 'machan i . . .' Un noson arw, a ninnau wedi galw fel arfer i'w weld, gwelsom badell enamel ar ei wely (a oedd yn y gegin). Diben y badell oedd dal y diferion glaw a oedd yn syrthio'n gyson drip! drip! drwy'r to rhidyllog.

Oedd, roedd pethau'n gwaethygu. Ac yn rhyfedd iawn, fel yr âi ef yn dlotach, fe âi'n fwy annibynnol a balch. Fe aeth mor bell ag awgrymu wrthym ni'r bechgyn droeon, 'Nad oedd e ddim yn brin o arian, 'machan i!' Ond yn hytrach ei fod yn *dewis* byw yn y ffordd honno.

Diau iddo ddioddef tipyn o brinder bwyd yn y cyfnod hwnnw, ac fe ddechreuodd rhai o wragedd caredig yr ardal fynd â thorth boeth o'r ffwrn, neu ginio dwym iddo. Bob tro fe wrthododd eu caredigrwydd gyda phob cwrteisi, ond cawsant ar ddeall hefyd eu bod yn ei sarhau wrth gynnig cardod iddo. Fe lwyddodd fy mam unwaith i gael yr afael drecha arno.

Fe alwodd yn ein tŷ ni ryw noson pan oedd Mam yn mynd i gael ei swper o gawl twymo, wrthi'i hunan.

'Gymrwch chi fasned bach o gawl gyda fi, Tom Williams?' meddai hi.

'Y – na, dim diolch, Mrs Jones. Rwy'i newydd ga'l llond 'y mola cyn gadel y tŷ nawr.'

'O wel,' meddai Mam yn ei doethineb, 'sdim ots . . . ond . . . wyddech chi, Tom Williams, sdim byd yn wa'th gyda fi na byta bwyd wrth 'yn hunan. Rwy'n credu rhoia i'r cawl 'ma 'nôl . . .'

'O – y – os taw felna mae . . . fe gymra' i fasned o gawl i gadw cwmni i chi . . .'

'Newch chi wir? Diolch yn fowr i chi, Williams.'

Ac fe eisteddodd yr hen greadur i lawr a bwyta . . . a bwyta nes bod dau fasned o gawl wedi diflannu o'r sosban gast ar y pentan.

Fel y dwedodd hi wrthon ni wedyn, gyda gwên, roedd Mam yn synnu 'i fod e wedi gallu claddu cymaint ac ynte wedi cael llond 'i fol cyn gadael y tŷ!

Ond fe aeth pethau i'r pen, ac fe gym'rodd Tom Williams waith!

Yn y ffatri? Ar ffarm? Mewn siop? Nage. Fe fyddai wedi bod yn well ganddo farw na hynny.

Yn awr, er nad oedd, yn y blynyddoedd y bûm i'n ei adnabod, wedi gwneud yr un strôc o waith ei hunan, roedd Tom Williams yn Llafur mawr – bron yr unig un yn y pentre yn y blynyddoedd hynny. Nid oedd yr Undebau Llafur wedi treiddio i ffatrïoedd bach Dyffryn Teifi eto. Ond roedd Williams wedi bod yn y De ac wedi clywed Keir Hardie a chewri cynnar y Mudiad Llafur bob un. Yn wir, roedd e'n ffrindiau â mwy nag un ohonynt, a byddai Ymgeisydd Llafur Sir Gaerfyrddin (a ddaeth yn Aelod dros y sir wedi hynny), y diweddar Daniel Hopkyn, yn galw i weld Tom Williams pan fyddai'n digwydd mynd trwy'r pentre. Ac rwy'n meddwl mai'r gŵr hynaws hwnnw a awgrymodd fod Tom Williams yn mynd yn 'agent' i'r *Daily Herald*, papur newydd y Mudiad Llafur!

Fe fyddai'n pwysleisio'n aml nad gwerthu'r *Daily Herald* er mwyn arian a wnâi . . . 'o na, 'machan i, 'i neud e er mwyn y Parti!'

Ond er iddo gymryd y gwaith o ddosbarthu'r *Herald* yn y pentre, fe fethodd yn lân â threchu'r arfer o gysgu'r dydd a chodi gyda'r nos. Fe'i gwelsom ef droeon yn rhedeg nerth ei draed lan i'r sgwâr erbyn pump o'r gloch y nos, i ddal y gweithwyr yn mynd adre o'r ddwy ffatri – ac fe gollodd y ras droeon hefyd!

Rwy'n siŵr nad oedd mwy na dimai o elw ar bob papur a werthai, ac nid oedd yn gwerthu mwy na deugain i hanner cant ar y gorau. Felly, roedd e'n byw ar ryw ddeuswllt y dydd yn y cyfnod hwnnw.

Yna, aeth Tom Williams yn sâl. Roedd byw mewn hen dŷ llaith ar ychydig luniaeth wedi gadael ei ôl.

Y peth nesaf a glywsom oedd ei fod yn Wyrcws Caerfyrddin. Yno fe gafodd adferiad iechyd, ond ddaeth e byth 'nôl i fyw ym Mhontfân. Erbyn hynny roedd yr hen dŷ wedi mynd â'i ben iddo.

Fe welais i Tom Williams wedyn ymhen amser. Roedd ei raen yn burion, ac roedd siwt fach deidi amdano. Ond roedd y cymeriad wedi diflannu. Doedd 'na ddim gwahaniaeth o gwbwl rhyngddo a'r hen ddynion bach eraill yn y Wyrcws. Roedd gorfod derbyn cardod wedi'i newid e'n llwyr!

Dai Blaenweun

Un bychan oedd yntau hefyd – Iberiad du ei wallt a thywyll ei groen a'i lygaid. Gwehydd oedd ef yn ffatri'r Derw ac, fel Tom Williams, yn ŵr dibriod. Trigai gyda'i fam a'i chwaer ym Mlaenweun, ac o bryd i'w gilydd fe fu'n gryn ofid i'r ddwy ohonynt. Roedd ef – fel amryw yn ein pentre ni yn y cyfnod diofal hwnnw – yn eithriadol o hoff o'i beint. Yn wir, roedd e'n dipyn o ddihareb am y campau gorchestol a gyflawnai yn ei ddiod.

Yn ychwanegol at lymeitian yn helaeth bob nos Sadwrn pae, fe fyddai weithiau'n mynd ar y bŵs am wythnos ar y tro, pan godai'r chwiw yn 'i ben. Bryd hynny, yn ddi-eithriad fe gâi'r sac o'i waith yn y ffatri. Yna byddai raid i'w fam fynd lawr i weld yr hen Gwilym Lewis i erfyn arno drugarhau wrth y pechadur, a rhoi ei 'fara chaws' yn ôl iddo. A phob tro yn ddieithriad byddai Dai'n *cael* ei waith yn ôl – ar yr amod na fyddai byth yn mynd ar y bŵs eto!

Fe fûm i'n ceisio dyfalu beth oedd y cymhelliad a'i gyrrai, yn ysbeidiol fel yna, ar y bŵs am wythnos. Ai undonedd ei waith fel gwehydd yn y ffatri? Neu ryw anfodlonrwydd ar ei fywyd yn gyffredinol? Pwy all ddweud?

Ar ôl bŵs mawr, fe âi'n ôl at ei wŷd yn ufudd, ac fe weithiai mor ddiwyd ac mor ddeheuig ag unrhyw un.

Roedd Dai hefyd yn botsier. Byddai bob amser yn cadw fferet a whipet neu *lurcher* blewog. Byddai hefyd yn cadw dryll yn y sièd yn y cefn. Mae yna hanesyn doniol ynglŷn â'r dryll.

Roedd Dai ryw brynhawn Sadwrn, ar ôl cael cwpwl o beints yn y *Black Horse*, wrthi yn y gegin yn glanhau'r dryll. Ar ôl gorffen glanhau, fe wthiodd ddwy getrisen i'r ddau faril, yn barod cyn mynd allan i hela. Rywfodd neu'i gilydd, fe daniodd un baril! Yn ffodus, nid oedd yn digwydd pwyntio at ei fam, a oedd yn eistedd wrth y ford fach wrth y tân yn yfed ei the, nac at ei chwaer a oedd yn rhoi cwlwm ar y tân ar y pryd. Ond fe aeth yr ergyd rhwng y ddwy, a chwalu drws cwpwrdd yn y gornel, fel petai'n bapur sidan. Y tu mewn i'r cwpwrdd roedd pum pâr o sgidiau – rhai gore'r teulu. Pan dynnwyd rheini allan edrychai pob esgid fel copa bocs pupur!

Er fod Dai'n greadur digon gwyllt a dilywodraeth, yn rhyfedd iawn roedd arno ofn 'i fam. Yn aml iawn, pan fyddai wedi treulio prynhawn Sadwrn cyfan yn y *Black Horse*, heb fynd adre am 'i ginio na'i de, byddai'r hen wraig yn mynd lawr i'r pentre, ac i mewn i'r *Black*. Cyn gynted ag y rhoddai ei phen i mewn drwy'r drws, byddai Dai'n codi a mynd allan fel ci bach. Lawer gwaith, a hithau'n ddydd glân, golau, y gwelais ef yn mynd heibio i'n tŷ ni, heb edrych i'r chwith nac i'r dde, a'r hen wraig yn dod rhyw ddecllath y tu ôl iddo gan ei ddifrïo â llais uchel bob cam o'r ffordd.

'Ych a fi, yr hen feddwyn! O'r gofid 'wy wedi ga'l gydag e. Fe'n halith i i'r bedd, neuth, wir i chi 'te. Rhoi 'i arian i gyd i'r hen Jâms *Black Horse* a ninne'n starfo . . .' Ac yn y blaen fel yna yr holl ffordd o'r *Black* i Flaenweun – pellter o ryw filltir. Ac ni fyddai Dai'n troi ei ben gymaint ag unwaith i ddadlau â hi. A byddai ein cydymdeimlad ni'r plant gyda Dai bob tro. Teimlem mai hogyn fel ni oedd e, yn cael cerydd am fod yn fachgen drwg.

Gwehydd, meddwyn, potsier. Ond roedd e hefyd yn fardd! Oedd, roedd y Dai anystywallt a diddysg yn fardd gwlad enwog yn yr ardal. Wrth edrych yn ôl heddiw, credaf yn onest y gallai fod wedi gwneud llawer mwy, a gwell, defnydd o'r ddawn honno a oedd yn perthyn iddo. Ond ni fyddai byth yn darllen gweithiau beirdd eraill nac yn cystadlu mewn eisteddfod na dim felly. Yn wir, dibrisiai ei dalent yn llwyr, ac nis defnyddiai ond yn achlysurol iawn. Ond roedd rhyw bertrwydd yn perthyn i'w benillion ef bob amser. Oherwydd hynny, byddai llawer o ailadrodd arnynt, a glynent yn hir yn y cof. Glynasant yn fy nghof i am bron dri chwarter canrif. Rhyw achlysur neu dro trwstan a'i cynhyrfai i rigymu fynychaf. Un tro, cawsai fenthyg cart a phoni gyda Dinah Geulanfelen, i fynd i mofyn llwyth o lo o'r orsaf yn Llandysul. Daeth yn ôl yn hanner sioncyn, ac fel hyn y cyfarchodd yr hen Dinah:

> Would you rather I pay,
>   Or work on the hay,
> For the loan of the cart and the pony?

Un tro pan oedd wedi cael cerydd llym gan nifer o wyrda'r pentre am ei oferedd, fe luniodd Dai gân weddol hir yn melltithio'r pentre a phawb oedd yn byw ynddo. Yn ei dymer ddrwg fe baentiodd ddarlun du iawn ohono. Ni allaf fi gofio ond dau bennill ohoni:

> Pentre-cwrt nid yw ond bychan,
> Chydig iawn yw rhif y tai;
> Ond mae yma blant i Satan:
> Pechaduriaid mawr eu bai.
>
> Tyngu, rhegi, yfed gormod,
> Godinebu, gwadu Duw;
> Y mae holl elfennau pechod
> Yn y pentre lle'r wy'n byw.

A dyma bennill allan o gân a luniodd i doiled merched y ffatri (Derw), a oedd yn gwagio popeth i afon Siedi, y safai'r ffatri ar ei glan:

> Fe hoffwn innau ar fy mhlat
> Gael un neu ddau o'r pysgod
> Sydd yn y pwll yn magu ffat
> Wrth fyta caca menwod.

Wrth gwrs, mae'r rhan fwyaf o gampweithiau gwirion-eddol Dai yn gwbwl anaddas i'w rhoi lawr ar ddu a gwyn – hyd yn oed yn yr oes oddefol hon. Ond, lle bo dau neu dri o wladwyr llawen yn cydgyfarfod ar hwyrnos aeaf i ddrachtio'r cwrw coch, fe glywir ailadrodd rheini o hyd.

Pan fu ei fam farw fe wnaed Dai'n ddigartref. Cymerodd lety mewn tafarn ym mhentre Llandysul. Ac yno, am dri o'r gloch ar brynhawn Sadwrn, amser cau, ar ôl gwagio'i beint, y bu farw – yn sydyn ac annisgwyl.

Byddaf i'n ei gofio byth fel darn lliwgar iawn o dapestri prydferth ein cymdeithas bentrefol ni.

Taith y Pererin

Cefais fy addysg gynnar yn ysgol Capel Mair, sy bellach wedi ei chau ers llawer dydd. Yno, un prynhawn, a minnau'n dal i fod yn nosbarth y plant lleiaf, ac yn ymylu ar fod yn saith oed, fe ddwedodd yr athrawes, Miss Evans, wrthyf, 'Fe gewch chi fynd i fyny i ddosbarth y plant mowr heddi i glywed Mr Davies [y prifathro] yn darllen stori i chi'.

Ac i fyny â fi i ganol bechgyn a merched deuddeg a thair ar ddeg oed. Yna, dyma Mr Davies yn agor llyfr – na wyddwn i ddim mo'i enw – ac yn dechrau darllen stori i ni. Ac o! dyna stori gyffrous oedd hi. Roedd hi'n sôn am noson dywyll, stormus ac am dollborth unig yn y wlad. Dyma geidwad y tollborth yn clywed sŵn carnau ceffyl yn dod i lawr y ffordd, ac mae'n teimlo braidd yn ofnus gan ei bod hi'n hwyr y nos. Daw'r ceffyl at y gât neu'r tollborth a stopio. Mae'r marchog ar ei gefn yn gweiddi 'Gêt!' ac mae'r ceidwad yn mynd allan. Mae'n agor y gât, ond mae'r marchog yn estyn rhyw barsel iddo wedi ei lapio mewn clogyn, ac yna'n gyrru i ffwrdd drwy'r tywyllwch. Beth oedd yn y parsel pan aeth y ceidwad yn ôl i'r tŷ oedd babi bach, a hwnnw'n cysgu!

Pan ddaeth yr hen Mr Davies i'r fan yna fe gaeodd y llyfr a dweud, 'Fe gewch chi glywed rhagor o'r stori 'na wythnos nesa.'

Chefais i ddim mynd i fyny at y plant mawr yr wythnos ganlynol. Rown i wedi bod yn ddrwg ac fe roddodd Miss Evans gosb i mi.

Ond fe gofiais i'r darn stori yna hyd heddiw. Ac rwy'n cofio dweud wrthyf fy hunan, yn saith oed, 'Os oes storïau fel 'na mewn llyfrau, rwy i'n mynd i ddarllen llyfrau'.

A dyna fuodd. Darllen a darllen a darllen degau a channoedd o lyfrau – Saesneg yn bennaf – trwy flynyddoedd fy iengfyd a'm llencyndod, a hynny, rwy'n meddwl, yn fy ngalluogi yn ddiweddarach i sgrifennu llyfrau fy hunan.

O ysgol Capel Mair euthum i ysgol Bryn Saron, gan ein bod fel teulu wedi symud o Iet Wen i le o'r enw Tŷnewydd yn nalgylch Ysgol Bryn Saron. Oddi yno wedyn, yn ddeuddeg oed, i Ysgol Sir Llandysul. Cofiaf yn dda fy niwrnod cyntaf anaddawol yn yr ysgol honno.

Ar ôl i'r gloch ganu yn y bore, cawsom ein gosod mewn dwy linell ar bob ochr i goridor hir. Yna, dyma'r Prifathro, Mr Parry, yn cerdded i lawr y coridor gan bwyntio â'i fys a dweud, '*You, you, you and you – Welsh Class. You, you, you and you – French Class.*'

Fe'm cefais i fy hunan yn y *French Class* er nad oedd gen i unrhyw awydd dysgu'r pwnc hwnnw. Roedd gen i ddigon o Gymraeg a dim gair o Ffrangeg. Er hynny, yn y *French Class* y bûm i am ddwy flynedd, er imi brotestio droeon.

Deallais yn ddiweddarach fod y Prifathro'n cael trafferth o flwyddyn i flwyddyn i gael disgyblion i'r dosbarth Ffrangeg, ac iddo benderfynu, ar ddiwrnod cyntaf y flwyddyn ysgol newydd, i wneud y dewis ei hun, yn y ffordd dra effeithiol yna, sef '*You, you, you and you*'. Mae'n anodd coelio peth fel yna, ond mae'n berffaith wir.

Fwynheais i ddim o'r pedair blynedd a dreuliais i yn Ysgol Ramadeg Llandysul, ac fe adewais yn 1932 gyda thystysgrif digon tila ar ôl sefyll yr hen 'Senior' slawer dydd.

Trio sawl math o waith fu hi yn fy hanes i wedyn. Roeddwn i am fynd yn athro ysgol, ond roedd bechgyn a merched â gwell tystysgrifau na fi yn disgwyl am le yng Ngholeg y Drindod, Caerfyrddin – lle rown i am fynd – ac fe wrthodwyd fy nghais.

Yn rhyfedd iawn, er imi gael fy ngwrthod gan Goleg y Drindod pan own i'n ddeunaw oed, fe gefais fy nyrchafu'n Gymrawd gan y coleg hwnnw pan own i'n bedwar ugain oed! Cyfrifaf hynny'n anrhydedd.

Yn 1932–33 roedd yr hen ddull o hyfforddi athrawon yn bod – sef mynd yn 'ddisgybl athro' neu *pupil teacher* mewn ysgol. Caech eich hyfforddi gan y prifathro, a dysgu trin plant a'u hyfforddi nhw mewn ffordd ymarferol – trwy fod gyda nhw bob dydd yn y dosbarth. Fe fûm i'n ddisgybl athro di-dâl am flwyddyn, ond wedyn fe fu fy nhad farw'n sydyn pan oedd yn pysgota ar lan afon Teifi. Wedyn, fe fu raid i mi chwilio gwaith oedd yn talu cyflog, i helpu Mam i gael dau pen llinyn ynghyd.

Fe fûm yn trio fy llaw ar sawl math o waith wedyn. Fe fûm yn gweithio mewn gang o nafis symudol oedd yn cloddio a rhoi gwifrau ffôn o dan ddaear, yn gwympwr coed mewn coedwig heb fod ymhell o Aberystwyth, yn glerc mewn swyddfa yn ennill dwy bunt yr wythnos, ac yn ddyn hel yswiriant (a dyna'r gwaetha o bob gwaith). Ac, wrth gwrs, fel pawb bron ym mlynyddoedd caled y tridegau, fe dreuliais gyfnod ar y *dole*.

Wedyn, fe ddaeth y Rhyfel. Ac yna fe briodais â merch o Sir Aberteifi a oedd yn aelod o deulu'r Cilie.

Bu raid ymuno â'r Lluoedd Arfog pan ddaeth fy nhro, a bu raid i mi wedyn dreulio pum mlynedd a hanner mwyaf anhapus fy mywyd mewn lifrai – mewn iwnifform.

Mynd i Blackpool i ddysgu sut i fartsio a sut i drin gynnau, a chwap iawn wedyn gorfod hwylio dros y môr a chyrraedd Port Taufiq yn y Dwyrain Canol ar ôl hwylio o gwmpas Penrhyn Gobaith Da er mwyn ceisio osgoi llongau tanfor yr Almaen.

Treulio blwyddyn a hanner wedyn yn yr Aifft yn cerdded ar y tywod, yn cysgu ar y tywod a dioddef y gwres llethol – heb gymaint ag un gawod fach o law yn ystod yr holl amser y bûm i yno.

Y peth mwyaf annifyr ynglŷn â diffeithwch yr Aifft oedd y stormydd tywod mynych – pan fyddai'r gwynt crasboeth yn chwythu'r llwch neu'r tywod i'r bwyd, i'n dillad ac i'n llygaid a'n clustiau ni. A pheth annifyr iawn oedd bwyta bwyd â gronynnau tywod yn crensian rhwng eich dannedd chi!

Ond wedyn fe ddaeth brwydr a buddugoliaeth fawr El Alamein, a ninnau'n symud o'r Aifft trwy Ogledd Affrica, a byddin Rommel yn gorfod cilio.

Croesi'r Môr Canoldir wedyn a glanio yn Taranto yng ngwadn troed yr Eidal – a rhyfeddu at brydferthwch y wlad honno ar ôl undonedd y diffeithwch. Cyrraedd Napoli a

Margaret, fy ngwraig, a minnau adeg ein priodas.

Fi yn yr Aifft.

chael diwrnod yn rhydd i weld rhyfeddod Pompeii, y
ddinas fach Rufeinig a gafodd ei chadw mewn capsiwl o
lwch a lafa o'r llosgfynydd Vesuvius.

Symudodd yr ymladd wedyn i gyffiniau Rhufain.
Rywsut neu'i gilydd, roedd y ddwy ochr wedi dod i
gytundeb nad oedd y naill na'r llall yn bomio na defnyddio
arfau rhyfel tu fewn i'r ddinas. Felly ni fu brwydro ar
strydoedd Rhufain o gwbl a thrwy hynny llwyddodd i
osgoi'r llanast a oedd o'i chwmpas ymhob man.

Ie, llanast! Wrth i fyddinoedd yr Almaen a'r Eidal gilio,
roedden nhw'n gadael ar 'u hôl bentyrrau o annibendod
rhyfel modern – cerbydau a thanciau drylliedig ac offer o
bob math – fel gwrec ar draeth ar ôl storom. Ar ymyl y
ffyrdd hefyd roedd y croesau pren anghelfydd yn dangos
lle roedd cyrff Almaenwyr ac Eidalwyr wedi eu claddu
ar frys.

Mae gen i atgof o'r cyfnod yma sy wedi aros gyda fi ar
hyd y blynyddoedd. Bore Sul oedd hi, ac roedd gen i
ddiwrnod yn rhydd o'm gwaith. Roedd y brwydro wedi
symud ymlaen yn ystod y nos a gadael yr uned yr oeddwn
i'n perthyn iddi ar ôl am y tro. Roedd hi'n fore tawel o
wanwyn ac fe es i am dro bach ar hyd y ffordd, heibio i'r
croesau a'r tanciau drylliedig, a dod at lôn fach gul. Fe
gerddais i lawr y lôn a dod at ddôl wastad – rhyw lannerch
yng nghanol coed.

Ar y ddôl honno roedd hen Eidalwr â'i ych a'i arad – yn
aredig! Ie, yn aredig fel 'tai dim byd yn bod! Roedd hi'n
wanwyn, a'r pridd yn galw am 'i drin, ac roedd e, fel 'i dad
a'i gyndeidiau, wedi ateb yr alwad.

Wrth gofio'r digwyddiad hwnnw heddiw, daw i gof
bennill o delyneg hyfryd y Prifardd Gwilym Ceri i'r
carcharor rhyfel o Eidalwr yn breuddwydio am ddychwelyd
i'w wlad ar ôl y rhyfel:

> Yn ôl dros gulfor perl Messina
> Hyfryd dychwelyd wedi'r drin,
> Rhydd Mair Fendigaid ei thiriondeb eto
> I lasu'r winllan grin.

59

Yn ôl dros y Môr Canoldir a Môr Iwerydd y dois i yn y diwedd ar ôl treulio tair blynedd a hanner anhapus ymhell o gartre.

Ymhen hir a hwyr fe ddaeth diwedd y Rhyfel a ches i fy rhyddhau i ddychwelyd at fy nheulu a 'mhobol a chael cyfle i fyw'n naturiol unwaith 'to.

Mynd i goleg hyfforddi athrawon wedyn – yng Nghaerdydd – ac o'r diwedd cael swydd athro yn Sir Aberteifi.

Tom Stephens

Diwrnod pwysig yn fy hanes oedd hwnnw pan anfonodd y Cyfarwyddwr Addysg fi yn athro dros dro i Ysgol Talgarreg. Roeddwn i bryd hynny'n athro crwydrol yn y sir; roeddwn hefyd yn newydd i'r swydd ac yn swil a gwan iawn fy ffydd. Hwyrach fod Dr Henry Jones yn ei ddoethineb wedi sylweddoli mai felly roedd hi, a bod hynny'n rheswm dros fy ngyrru i Dalgarreg.

Pan gyrhaeddais yr ysgol y bore cyntaf, nid edrychai'r prifathro'n falch iawn i'm gweld. Deallais yn fuan beth oedd yn bod. Roedd athro ifanc arall yn dysgu yn Nhalgarreg ar y pryd a byddai'n rhaid i hwnnw symud i wneud lle i mi, a chan fod y prifathro wedi ymserchu ynddo, roedd yn awyddus i'w gadw. Aeth Tom Stephens i lawr i'r pentre ar ei union i ffonio'r Cyfarwyddwr, naill ai i holi a oedd rhyw gamgymeriad wedi ei wneud, neu i ofyn iddo'n blwmp ac yn blaen i'm gyrru i ryw ysgol arall – wn i ddim hyd y dydd heddiw p'un.

Ond gwn i mi a'r athro arall dreulio deng munud digon annifyr, wrth dân y gegin yn yr ysgol, yn ei ddisgwyl yn ôl.

Cyn cael fy ngyrru i Dalgarreg roeddwn i'n athro dros dro yn y Borth yng ngogledd y sir, ac roedd y Borth yn bell iawn o Langrannog, lle'r oedd fy nghartref ar y pryd. Gan fod Talgarreg gymaint yn nes at Langrannog, a chan fod costau teithio a llety mor uchel, a minnau mor dlawd â llygoden eglwys, roedd yr hyn a oedd yn digwydd ar y ffôn rhwng y Cyfarwyddwr a'r prifathro y funud honno'n bwysig iawn i mi. Ond pan ddaeth Tom Stephens yn ôl, cefais wybod mai fi oedd i aros yn Nhalgarreg.

Rhyw ddechrau digon anaddawol fel'na a fu i'r cyfeillgarwch. Er hynny, fe dyfodd y cyfeillgarwch hwnnw'n un o'r rhai closiaf a fu erioed.

Fe fûm yn Nhalgarreg am ddeunaw mis ac fe wnaeth y cyfnod hwnnw les mawr i mi. Deallodd Tom Stephens yn fuan iawn mai diffyg hyder oedd y prif dramgwydd i'r athro newydd, ac nid âi diwrnod heibio na chawn i ganmoliaeth hael y prifathro am y gorchestion bach mwyaf distadl. Ni ddywedodd wrthyf erioed y dylai plant fy nosbarth wybod mwy am y pwnc hwn neu'r pwnc arall. Na, ei ffordd ef bob amser oedd canmol yr hyn oedd wedi ei wneud, a thrwy hynny symbylu ei staff i ymegnïo mwy. Ond y mwynhad pennaf oedd cael cynllunio a pharatoi cyfresi o wersi gydag ef. Byddai'r cynllunio a thrafod amcanion ac yn y blaen yn mynd ymlaen yn ystod yr awr ginio neu gyda'r nos ac roedd ef bob amser yn fwrlwm o frwdfrydedd ac o ddyfeisgarwch. Ac os byddai llwyddiant i'n harbrofion, fe gawn i fwy na'm siâr o'r clod ganddo bob amser. Dywed rhai fod y gansen wedi bod yn bur brysur yn Ysgol Talgarreg yn ystod teyrnasiad Tom Stephens. Ni welais i gansen yno yn ystod y flwyddyn a hanner y bûm i yn yr ysgol. Disgyblaeth dawel, gyfeillgar welais i yno ar hyd yr amser.

Ni allai ef lai na bod yn athro eithriadol – roedd yn ddyn mor amlochrog. Roedd yn llenor, yn gerddor, yn fardd ac yn un o'r dynion mwyaf diwylliedig a adnabûm erioed. At hynny, gallai droi ei law at unrhyw waith a alwai am ddeheurwydd a medr y crefftwr wrth reddf.

Fe fu dod i 'nabod Tom Stephens yn ddylanwad mawr arnaf, ac ar lawer un arall. Fe a'm dysgodd i fod o ddifri ynglŷn â Chymru a'r iaith Gymraeg. Roedd ei frwdfrydedd ef dros bopeth Cymraeg a Chymreig yn heintus. Roedd yn gymysgedd rhyfedd o'r heddychwr a'r 'ymladdwr' dros y 'pethe' oedd yn annwyl ganddo. Gallai fod yn daer a chwbwl ddi-ildio os teimlai fod rhywun yn cael cam. Er mai gŵr gwan o gorff ydoedd, meddai ar egni di-ben-draw, a dewrder a'm synnodd i droeon. Pan fu farw, fe luniais y soned hon er cof amdano. Fe'i cofnodaf hi yma gan 'mod i'n credu ei bod yn ddarlun teg ohono:

Y Gwladgarwr

Derbyniodd Gymru yn dreftadaeth dlawd,
A charodd bridd ei daear lwyd, a'i llên,
Ysgwyddodd ei gofidiau er pob gwawd,
Ac aeth i'r gad fel meibion Llywarch Hen.

Safodd yn rhengoedd tenau'r ffyddlon rai,
Bu gadarn ym mhob brwydr gyda hwy:
Ac wedi'i golli ef, bydd un yn llai
I warchod wrth y Rhyd-ym-Morlas mwy.

Gwariodd ei nerth a'i nwyf, heb chwennych elw,
Yn cario'n baner racs o lan i lan;
Bydd Cymru'n dlotach heb ei marchog gwelw,
Heb argyhoeddiad ei leferydd gwan.
Fe losgai ynddo fflam, a'i lludw sydd
Ym Mhisgah heno dan y pentwr prudd.

Yn y cyfnod pan oedd ef yn cario baner ein cenedlaeth-oldeb 'o lan i lan', rhaid cofio nad oedd fawr o barch i bobl felly. Yn wir, cyfrifid Tom Stephens, Ffred Jones, Tal-y-bont, J. E. Jones, ac eraill yn y dyddiau hynny, yn ddim ond dyrnaid o derfysgwyr a phenboethiaid – rhyw bobol y cyfrifid 'bod rhywbeth yn bod arnyn nhw'! Ond ni hidiai Tom Stephens ronyn am hynny, a bu'n genhadwr pybyr a llwyddiannus dros genedlaetholdeb Cymreig, gan lwyddo i 'achub' llawer o Gymry glastwraidd fel fi, a'n gwneud yn ymwybodol o argyfwng yr iaith a'r genedl. Ni allai ef ddioddef taeogrwydd, a'r glynu-wrth-Brydeindod a oedd fel clefyd arnom yn y cyfnod hwnnw, a chredai'n gryf yn hawl cenhedloedd bychain i hunanlywodraeth.

Roeddwn i'n cystadlu tipyn am gadeiriau eisteddfodol bryd hynny a byddai ef yn mynd â mi yn ei 'hen Forris Anfarwol' i gyrchu'r coed adre. Cofiaf i ni fynd unwaith i Sir Frycheiniog i mofyn cadair dderw gerfiedig fawr. Roedd hi'n beth mor anferth fel y credais i nad oedd dim amdani ond talu am ei chludo gyda'r trên. Ond mynnodd Tom Stephens fynd â hi ar y car. Fe'i cyrchwyd adre'n ddiogel ar y bymper ôl, er bod hwnnw bron â dod yn rhydd cyn cychwyn. Clymwyd breichiau'r gadair â rhaff wrth ddwy handl y drws (ar ôl i ni'n dau fynd i mewn i'r car!) Yn garcharorion felly y daethom ni â'r stôl yn saff yr holl ffordd o Sir Frycheiniog i Dalgarreg!

Yn y cyfnod hwnnw hefyd, cynhelid cynadleddau mynych yn hen blas y Cilgwyn, Castellnewydd Emlyn – cynadleddau dan nawdd yr Urdd, y Mudiad Llyfrau Cymraeg (a oedd yn ei fabandod bryd hynny), ac yn y blaen. Byddai ef a minnau'n mynd yn ddieithriad i'r rheiny a chaem hwyl anfarwol ymhob un ohonynt.

Wrth edrych yn ôl ar y cynadleddau hynny heddiw, sylweddolaf mai ef oedd yn gyfrifol am y rhan fwyaf o'r hwyl. Roedd ganddo'r ddawn i'n dwyn i gyd yn glosiach at ein gilydd – i wneud i ni deimlo bod pob un ohonom yn cyfri ac yn 'perthyn'. Dyddiau hapus iawn oedd y dyddiau hynny cyn i afiechyd araf ddechrau ei lesteirio.

Un prynhawn, pan oeddwn i'n athro yn Nhalgarreg, fe gyrhaeddodd rhyw ddwsin o ddynion mor ddu â'r glo – myfyrwyr o'r Traeth Aur wedi eu danfon gan y Cyfarwyddwr Addysg i weld yr ysgol. Fe gawsant groeso mawr gan Tom Stephens a chawsant weld yr ysgol a gwaith y plant. Ond yn nes ymlaen, a'r plant allan yn chwarae, fe eisteddodd pawb i lawr wrth y tân yn stafell y prifathro. Yn fuan iawn, dyma Tom Stephens yn dechrau ar ei hoff bwnc – sef cenedlaetholdeb a hawl y gwledydd bychain i'w llywodraethu eu hunain. Fe ddywedai bethau mor eithafol am yr Ymerodraeth Brydeinig ac am imperialaeth nes gwneud i mi roi gair i mewn i amddiffyn peth arnynt. Ni wnaeth hynny ddim ond tynnu gwawd am fy mhen a gwneud iddo yntau'i hagor hi mas fwy fyth! Roedd y deuddeg dieithr wrth eu bodd ac yn wên o glust i glust. Cyn i'r myfyrwyr ymadael y diwrnod hwnnw siarsiodd Tom Stephens hwy i ymladd am eu hawliau ac am hunanlywodraeth i'w gwlad. Yna, aeth y deuddeg ymaith ac yn ôl i'r Traeth Aur. Ryw ddwy flynedd neu lai ar ôl hynny clywsom fod pobl y Traeth Aur wedi ennill eu rhyddid a bod Ghana wedi dod i fodolaeth. Ac rwyf fi'n bendant o'r farn fod peth o'r cyfrifoldeb am hynny'n disgyn yn deg ar ysgwyddau Tom Stephens. Yn aml iawn ar ôl hynny, pan fyddai ef mewn cwmni ac yn taranu yn erbyn yr Ymerodraeth, byddwn yn ei atgoffa o'r hyn a ddigwyddodd yn Ghana – ac wrth gwrs, byddai wrth ei fodd!

Ar ôl bod ddeunaw mis yn Nhalgarreg, fe deimlai Tom Stephens ei bod yn bryd i mi ymgeisio am swydd ysgolfeistr. Daeth ysgol Tre-groes yn rhydd a dyma yrru cais i mewn. Nid oedd canfasio'n waharddedig yn Sir Aberteifi y pryd hwnnw (nid yw yr awr hon yn ôl a glywaf!), ac wrth gwrs, roedd rhaid mynd o gwmpas i weld y Cynghorwyr. Darganfûm yn fuan fod Tom Stephens yn archganfasiwr. Deellais hefyd fod bron pob un o'r Cynghorwyr yn gyfeillion iddo ac yn parchu ei farn. Pan ddaeth 'dydd y prawf' rwy'n meddwl mai rhyw dair pleidlais a aeth i'm herbyn a chefais y swydd. Ar y ffordd adre yn y car, meddai Tom Stephens yn ffugddifrifol, 'Pwy oedd y tri bradwr 'na nawr ys gwn i?' Chwerthin wedyn yn ddilywodraeth!

1952, ac Eisteddfod Genedlaethol Aberystwyth yn agosáu. Roedd Tom Stephens newydd ddarganfod fod Dewi Emrys, a oedd yn byw yn 'Y Bwthyn', Talgarreg, bryd hynny, wedi treulio misoedd mewn dygn dlodi ac angen. Ni allai T. S. ddioddef hyn ac aeth ati ar unwaith i gychwyn tysteb i'r hen Brifardd. Ysgrifennodd i'r *Cymro* a'r *Faner* a bu'r ymateb yn eithaf boddhaol. Roedd Dewi erbyn hyn yn bur llesg a gwael ei iechyd, ond roedd Tom Stephens yn benderfynol y câi fwynhau un Eisteddfod Genedlaethol arall, a threfnodd i gyflwyno'r dysteb iddo yn ystod wythnos yr Ŵyl. Bu raid tynnu rhai punnoedd allan o'r Gronfa i alluogi'r hen Brifardd i fynd yno'n barchus â phres yn ei boced. Fe gafodd Dewi Emrys, a fu'n gymaint eilun gan y tyrfaoedd, ei anwybyddu gan bawb bron yn yr eisteddfod honno, ond nid gan ei wir gyfeillion. Fe ofalodd Tom Stephens fod yna gwmni dethol wedi dod ynghyd i Swyddfa'r Urdd i weld cyflwyno cydnabyddiaeth olaf ei genedl i'r hen Brifardd. Tra oedd arwyr newydd yn dod i'r amlwg ar lwyfan yr Ŵyl, roeddem ni'n talu ein teyrnged i'r hen. Yn fuan ar ôl hynny, fe fu Dewi Emrys farw, a heddiw mae'n gorwedd ym mynwent Pisgah yn ymyl ei gyfaill ffyddlonaf. Fel y dywedodd Donald Evans am y ddau:

> Dau enaid mawr dan do mud,
> Hen gewri'n yr un gweryd.

O'r cychwyn cyntaf bu Tom Stephens yn gefn i fudiad Urdd Gobaith Cymru. Fe weithiodd yn ddiflino ac fe deithiodd gannoedd o filltiroedd, heb gyfri'r gost, er mwyn yr Urdd, a meddyliai'r byd o'r Aelwyd yn Nhalgarreg. Cofiaf yn fyw iawn amdano ef a minnau'n cerdded i fyny o'r pentre un noson ym mis Mai, ychydig fisoedd cyn ei farw. Cerddem yn araf oherwydd bod ei afiechyd wedi cael gafael sicr arno erbyn hyn. Wedi cyrraedd gyferbyn â Thŷ'r

Ysgol, safasom ac edrych dros y clawdd. Roedd golau yn yr Aelwyd a phobl ifainc Talgarreg yno'n ymarfer drama neu rywbeth tebyg. Ac meddai Tom Stephens, 'Yr Aelwyd fydd 'y ngharreg fedd i'.

Cafodd wraig i'w siwtio i'r dim – gwraig dawel, hoff o'i chartref, tra oedd ef yn wibiwr egnïol yma a thraw yn ei gar, yn aml yn hwyr iawn y nos. Fe dreuliais i lawer iawn o amser ar aelwyd Tŷ'r Ysgol yn Nhalgarreg, ond ni fu pall ar groeso Mrs Stephens. Ni theimlodd neb erioed ei fod wedi galw'n rhy aml nac wedi aros yn rhy hir yn ei chartref hi.

Bu llawer o waith Tom Stephens dros Gymru, dros yr iaith a thros addysg yn y dirgel. Ni chwenychodd glod nac anrhydedd; bu'n fwy awyddus i weld dyrchafu eraill nag ef ei hun. Ond credaf yn ddiysgog fod ei ddylanwad yn barhaol. Bu esiampl ei fywyd ef yn symbyliad i eraill, a heddiw mae'r rheiny yn eu cylchoedd eu hunain yn cario'r gwaith yn ei flaen. A gwn eu bod yn cael ysbrydoliaeth newydd bob tro y cofiant am Tom Stephens a'i fywyd a'i waith.

Dyma'r darn cywydd a luniais, er cof annwyl amdano, ar gyfer yr Ŵyl Goffa a gynhaliwyd gan yr Urdd yn Nhalgarreg rai misoedd ar ôl ei farw:

> Chwith fu'r tro—rhoi i orwedd
> Ffrind i mi'n dawel ym medd;
> Fy angor mewn hen stormydd,
> Fy ffon pan ballai fy ffydd,
> Fy niflin athro dinam,
> Fy nghefn, achubwr fy ngham.
>
> Fy ffrind ym mhob cyffro oedd,
> Erioed fy noddwr ydoedd;
> Y dewr ymhob gwrthdaro,
> Cadarn ei farn oedd efô.
> Yn yr iaith hen fe'm trwythodd
> A'r Iaith fu mwy wrth fy modd.

Seiliodd lewyrchus Aelwyd
Ar lawr yr hen ffatri lwyd:
Ei sêl oedd yn sail iddi
A'r Gymraeg ei muriau hi.

Ynddi doe cynheuodd dân,
Rhoes yno'i wres ei hunan.
Yn hon bu'r hwyl wrth dân braf
Ar hen sgiw hwyrnos gaeaf,
Yntau ymysg ei blant mwyn
Yn deddfu fel tad addfwyn.

Gwelodd yr Aelwyd gilio
Ei theyrn a'i ddisgyblaeth o,
Aeth i'r llan o'i lydan lys
Y Steffan onest hoffus;
Gwae'r Awen glwyfus heno
A gwae llên o'i golli o.

Dwy Ysgol

Yn 1951 dechreuais fy ngyrfa fel ysgolfeistr Tre-groes. Yn y cyfnod hwnnw roedd hi'n ysgol o hanner cant o blant a'r rheiny i gyd yn Gymry cant y cant, heb yr un Sais na 'dysgwr' yn eu plith.

Saif ysgol a phentre bach Tre-groes yn nyffryn Cerdin – afon neu afonig sy'n llifo i Deifi uwchlaw pentre Llandysul. Ardal dawel, hollol wledig oedd hi, a'r rhan fwyaf o'r plant yn blant ffermydd – a rhai o'r ffermydd hynny'n anghysbell iawn. Rhyw ardal o'r neilltu, rywsut, oedd ardal Tre-groes, bro ddiarffordd, hen ffasiwn os mynnwch chi, a gwahanol iawn i rai o'r pentrefi cyfagos. Roedd y priffyrdd yn mynd trwy'r rheiny – lonydd digon cul oedd yn dirwyn trwy ddyffryn Cerdin. Roedd rhai o'r hen deuluoedd wedi bod yno erioed bron. Gallai rhai o'r ffermwyr sefydlog olrhain eu hachau yn ôl dros dri neu bedwar can mlynedd, ac roedd y Gymraeg ar eu gwefusau yn Gymraeg croyw a chyhyrog.

Ond roedd y newid yn ymyl.

Ymhen rhyw ddwy flynedd ar ôl i mi gychwyn fy ngyrfa fel prifathro yno, fe ddaeth un o'r ffermydd ar y farchnad a phrynwyd hi gan Sais.

Roedd gan y Sais hwnnw fab bach tuag wyth oed. Rhyw fore, daeth y tad a'r mab i'r ysgol ataf fi. Rhoddodd y tad enw llawn y crwt, ei oed a manylion felly i mi, ac yna dywedodd y geiriau hyn: '*I don't want him to learn Welsh*'.

Fe geisiais ddadlau ag ef, gan egluro mai ysgol Gymraeg oedd Tre-groes ac mai'r Gymraeg oedd iaith yr iard a'r dosbarth. Nid oedd dim yn tycio, a throes ei gefn arnaf gan ddweud eto, '*I don't want him to learn Welsh*'.

Yn awr roedd y crwt yn fy ngofal i, ac ni wyddwn beth i'w wneud ag ef.

Ond doedd dim angen i mi boeni. Ymhen rhai dyddiau yn unig, roedd yr hogyn wedi dod yn hanner Cymro, gan

Ysgol Tre-groes yn y 1950au.

fod iaith yr iard chwarae yn gwbwl uniaith Gymraeg ac yntau'n ddim ond wyth oed ac yn awyddus i ymuno yn y chwarae.

Dechrau'r mewnlifiad oedd dyfodiad y ffermwr o Sais a'i grwt – rhyw dwll bach, pitw yn y mur sydd erbyn hyn wedi cael ei chwalu bron yn llwyr. Heddiw yn ein hysgolion Cymraeg iaith gyntaf ni, mae'r plant o aelwydydd Cymraeg yn y lleiafrif llethol. Dyna i chi mor bell y mae'r gorlifo wedi cerdded. Ac rwyf i wedi byw yn ddigon hen i weld y peth yn digwydd.

Fe dreuliais saith mlynedd union fel ysgolfeistr yn Nhre-groes, a blynyddoedd hapus iawn oedden nhw hefyd. Ond nid felly roedd hi yn y misoedd cyntaf, serch hynny. Doedd dim tŷ gyda'r ysgol yn Nhre-groes, ac rown i'n byw yn Llangrannog, a chan nad own i ddim yn berchen car, roedd hi'n drafferthus iawn i gyrraedd yr ysgol bob bore.

Rown i'n dod i ben â hi fel hyn – roedd bws cludo teithwyr i'r RAE Aberporth yn dod i Langrannog am hanner awr wedi saith bob bore. Awn gyda hwnnw cyn belled â Rhydlewis. Aros amser yno wedyn nes dyfod bws plant yr ysgol. Mynd ar hwnnw wedyn mor bell â Chroes-lan, ac oddi yno i lawr y rhiw i Dre-groes ar gefn beic. Rhywbeth tebyg oedd y daith yn ôl adre wedyn – gwthio'r beic i fyny'r rhiw i Groes-lan, bws plant yr ysgol i Rydlewis, a bws y gweithwyr adre.

Bu'r anghyfleustra hwn yn boen i lawer o bobol Tre-groes, ac fe fu erthygl amdanaf a'm trafferthion yn un o bapurau Llundain. Ond wedyn fe gafwyd tŷ ym Mwlch-y-groes – rhyw ddwy filltir a hanner o'r ysgol. Ac oddi yno yr awn bob bore ar fy meic. Ond o'r diwedd fe brynais gar! Hen Forris 10, 1934 (18 mlwydd oed) am gan punt union a thalu i lawr amdano. Dyna beth oedd newid byd! Dyma fi'n ŵr bonheddig ar unwaith!

Mae yna un digwyddiad wedi aros yn fyw iawn yn fy nghof i, o'r amser a dreuliais yn Nhre-groes – rhywbeth sy'n werth sôn amdano yma.

Roedd hi'n ddiwrnod stormus iawn a'r gwynt yn rhuo o gwmpas yr ysgol ac yn ysgwyd y ffenestri. Ond roedd hi'n sych a'r plant yn gallu mynd mas i chwarae. Ond fe ddigwyddodd damwain. Fe syrthiodd darn miniog o lechen o'r to a tharo un o'r bechgyn bach yn ei dalcen, nes bod y gwaed yn llifo.

Bu Mrs Jones, athrawes y plant lleiaf, a minnau wrthi'n ceisio'n gorau i atal y gwaedu, ond er ein holl ymdrechion roedd y clwyf ar dalcen y crwt yn dal i waedu'n ddrwg iawn – mor ddrwg yn wir nes codi peth dychryn arnon ni. Beth oedd i'w wneud? Doedd dim ffôn yn yr ysgol yn yr oes honno. Ond roedd gwaredigaeth wrth law!

Yn y dyddiau hynny roedd gwraig o'r enw Mrs Henson (coffa da amdani) yn coginio yn yr ysgol, a hi ddaeth i'r adwy. Cyn gynted ag y deallodd hi ein bod ni'n methu rhwystro'r gwaedu, dyma hi 'nôl i'r gegin, dringo i ben cadair a thynnu llond dwrn o 'nythe corrynod' (gwe pry cop) o'r trawstiau uwch ei phen. Yna – a ninnau'n edrych yn syn arni – dyma hi'n rhoi'r gwe pry cop ar y clwyf, a dyna stop ar y gwaedu'n ddiymdroi! Rwy'n dal i feddwl yn aml fod Mrs Henson a'i hen feddyginiaeth werin, efallai, wedi achub bywyd y bachgen hwnnw.

Yn y blynyddoedd hynny (1951–1958), a minnau'n hapus yn fy ngwaith, rown i'n ysgrifennu llawer – sgriptiau i'r BBC, storïau byrion a barddoniaeth. Ac yn y cyfnod yma y sgrifennais i gerdd fach y mae gen i dipyn o olwg arni. A chan ei bod yn perthyn i'r cyfnod a dreuliais yn Nhregroes, fe garwn ei chynnwys fan yma. Ond yn gyntaf rhaid egluro sut y daeth y gerdd i fodolaeth.

Wrth deithio i'r ysgol yn fy nghar bob bore, fe dynnwyd fy sylw at goeden fedwen ifanc a dyfai gerllaw'r bont dros afon Cerdin yn ymyl yr ysgol. Rown i'n ei phasio bob dydd ac yn sylwi ar y newid yn ei gwisg gyda'r tymhorau. Ond yn y gaeaf roedd hi'n noeth a llwm. Dyma'r gân:

Y Fedwen

I lawr yng nghwm Cerdin
Un bore braf gwyn,
A Mawrth yn troi'n Ebrill
A'r ŵyn ar y bryn;
Ni welais un goeden, (ni welaf rwy'n siŵr),
Mor fyw ac mor effro,
Mor hardd yn blaguro
Â'r fedwen fach honno yn ymyl y dŵr.

Â'r haf yng nghwm Cerdin
Fel arfer ar dro,
A'r adar yn canu
A nythu'n y fro,
Ni welais un goeden, (ni welaf rwy'n siŵr),
Mor llawn o lawenydd,
A'i gwyrddail mor newydd,
Â'r fedwen aflonydd yn ymyl y dŵr.

Â'r hydre'n aeddfedu
Yr eirin a'r cnau,
A'r nos yn barugo
A'r dydd yn byrhau,
Ni welais un goeden, (ni welaf rwy'n siŵr),
Mor dawel a lliwgar
A'i heurwisg mor llachar,
Â'r fedwen fach hawddgar yn ymyl y dŵr.

Â'r gaea' 'mro Cerdin
A'r meysydd yn llwm,
A'r rhewynt yn rhuo
Drwy'r coed yn y cwm,
Ni welais un goeden, (ni welaf rwy'n siŵr),
Er chwilio drwy'r hollfyd,
Mor noeth ac mor rhynllyd
Â'r fedwen ddifywyd yn ymyl y dŵr.

Fe garwn i gyflwyno'r gân fach yna i blant a rhieni ysgol Tre-groes fel arwydd o'm diolchgarwch diffuant am eu caredigrwydd tuag ataf yn ystod y saith mlynedd hapus a dreuliais yn eu plith.

*   *   *

Yn 1958 daeth Ysgol Gynradd Coed-y-bryn yn rhydd. Roedd hi'n llai o dipyn nag Ysgol Tre-groes yn y dyddiau hynny. Ond roedd yr adeilad yn fwy modern ac roedd yno dŷ ysgol gyda'r gorau yng Ngheredigion. A dyma yrru cais am swydd prifathro unwaith eto, ac fe'm penodwyd.

Ac yng Nghoed-y-bryn y bûm wedyn nes imi ymddeol.

Fel y blynyddoedd a dreuliais yn Nhre-groes, rhai hapus iawn oedd y rhai a dreuliais i a'm teulu yng Nghoed-y-bryn. Cefais gydweithrediad llwyr y rhieni a llawer o garedigrwydd ac ewyllys da gan bawb o fewn cylch yr ysgol. Ac yng Nghoed-y-bryn y dechreuais i sgrifennu un ar ôl y llall o'r nofelau i blant a wnaeth dipyn o enw i mi

Tŷ'r Ysgol, Coed-y-bryn.

ymysg awduron llyfrau plant. Fe fyddwn i'n sgrifennu pennod newydd o leiaf bob wythnos ac yn ei darllen wedyn i'r plant ar brynhawn dydd Gwener. Hwy oedd fy meirniaid i. Os oedd eu hymateb hwy'n ffafriol, yna byddai'r bennod yn mynd yn syth yn rhan o'r nofel newydd. Os nad oedd, byddai raid ailysgrifennu'r bennod i gyd yn aml iawn.

Yn y cyfnod yma hefyd (1958–59), fe enillais ddwy gadair yn yr Eisteddfod Genedlaethol, yng Nglynebwy a Chaernarfon. Wrth edrych yn ôl, rwy'n meddwl mai'r cyfnod yma oedd y mwyaf cynhyrchiol yn fy hanes. Rown i'n sgrifennu llawer, a hynny (gobeithio!) heb esgeuluso fy ngwaith yn yr ysgol.

Ysgol Gymraeg gant y cant oedd Coed-y-bryn – fel Tregroes. Yr unig wahaniaeth oedd fod dau neu dri 'dysgwr' ymysg y disgyblion yng Nghoed-y-bryn. Ond roedd y rheini hefyd yn rhugl eu Cymraeg.

Dalgylch bychan oedd i Ysgol Coed-y-bryn, a doedd nifer y plant oedd yn ei mynychu erioed wedi bod yn uchel iawn. Felly, rown i bob amser yn falch o weld teuluoedd newydd yn symud i'r ardal – boed y rheini'n Gymry neu Saeson. Ond fe ddioddefais i droeon am fod y si ar led mai ysgol Gymraeg *hollol* oedd Coed-y-bryn. Cofiaf am deulu o Saeson a thri o blant yn symud i mewn i dŷ yn agos i'r ysgol. Meddyliais yn siŵr y byddai gennyf dri disgybl newydd. Ond ddaethon nhw ddim. Clywais wedyn fod y rhieni wedi bod yn holi ymhle yn y cylch roedd yr ysgol â'r mwyaf o Saesneg ynddi. Cawsant ar ddeall gan rywrai mai yn ysgol Aber-banc, ddwy filltir i ffwrdd, roedd y mwyaf o Saesneg, ac yno yr aethon nhw â'u plant.

Ond yn yr union flwyddyn honno fe ddigwyddodd rhywbeth i godi 'nghalon i. Fe ddaeth merch fach bengoch o Goed-y-bryn, o'r enw Olwen, yn gyntaf mewn Cymraeg *a* Saesneg yn ei blwyddyn gyntaf yn yr ysgol uwchradd. A dyna brofi nad oedd yr iaith fain yn cael ei hesgeuluso yng Nghoed-y-bryn, er mai ysgol Gymraeg oedd hi. Mae'r eneth bengoch honno yn gyfreithwraig yn llysoedd barn gogledd Cymru erbyn hyn.

75

Dilys.

Er mai atgofion melys iawn sydd gen i o'r blynyddoedd a dreuliais yn ysgolfeistr Coed-y-bryn, mae yna un atgof yn aros am ddigwyddiad trist a brawychus dros ben. Rwy'n sôn am y diwrnod ofnadwy hwnnw pan fu farw Dilys Argoed, un o'r anwylaf o blant yr ysgol, yn syfrdanol o sydyn ac annisgwyl.

Roedd hi'n ddiwrnod Cymanfa Ganu plant Urdd Gobaith Cymru yng Nghapel Seion, Llandysul, ac roedd rhyw nifer o blant Ysgol Coed-y-bryn wedi cael gwahoddiad i fynd yno. Roedd Dilys yn un ohonyn nhw. Fe ddaeth hi i'r ysgol y bore tyngedfennol hwnnw mewn ffrog newydd a golwg hapus iawn ar ei hwyneb. Yna roedd hi a'r plant eraill wedi mynd yn llawen i ddal y bws i Landysul.

Ddaeth hi ddim adre'n ôl – ddim yn fyw, beth bynnag. Fe'i trawyd yn ystod y Gymanfa gan ryw afiechyd sydyn a aeth â'i bywyd hi ar amrantiad. Roedd hi'n wyth oed.

Fe fu trychineb colli Dilys yn sioc ofnadwy i ni, athrawon a phlant yr ysgol, ac yn wir i'r ardal gyfan. Ac ar ddiwrnod ei hangladd ym mynwent Capel Bryngwenith doedd 'na fawr neb â'i ruddiau'n sych. Mynnais lunio'r cywydd isod er cof amdani:

Dilys fy mechan annwyl
Mor iach yn llamu i'r ŵyl;
Wrth fyned – deced â'r dydd
Ei gwên hi a'i gŵn newydd.

Hwyr y dydd ni throes o'r daith
Dilys i Argoed eilwaith.
O'r ysgariad ofnadwy!
Mae'r Angau mawr rhyngom mwy.

Distaw dan y glaw a'r gwlith
Yw y gân, ym Mryngwenith,
Difai wyrth ei phrydferthwch
Yma'n y llan roed mewn llwch,
A gwae fi, mor ddrwg fy hwyl,
Blin heb fy nisgybl annwyl;
Harddach na blodau'r gerddi
Fy Nilys ddawnus oedd hi.

I'w hoergell aeth o Argoed
Ddiniweidrwydd wyth mlwydd oed,
A gadael ar wag aelwyd
Yn ei lle yr hiraeth llwyd.

Awn ni'n hen, dirwyna'n hoes,
Dihoeni yw tynged einioes;
Daw barn ein hoedran arnom,
A theimlo saeth aml i siom.

Erys hi fyth yn ifanc,
Llon ei phryd, llawen ei phranc,
Yn ein co'n dirion a del,
Nos da, fy Nilys dawel.

Tre-groes! Coed-y-bryn! Bydd y ddwy ardal a'r ddwy ysgol yn agos at fy nghalon i tra bydda i byw. Ymddeolais o'm gofalaeth yng Nghoed-y-bryn ym 1975, pan own i'n drigain oed – saith mlynedd ar hugain a mwy yn ôl. Mae byd addysg plant wedi newid llawer iawn yn y cyfnod yna – nid yn gyfan gwbl er gwell, rwy'n mentro dweud. Mae gweinyddu cosb gorfforol yn ein hysgolion bellach yn anghyfreithlon. Yn wir, does dim hawl gan dad na mam plentyn ei gosbi am wneud drygioni.

Mae'n rhaid i mi gyfaddef fod cosbi'n rhan o drefn pethau yn Nhre-groes a Choed-y-bryn yn fy amser i. Felly roedd hi yn ysgolion eraill Sir Aberteifi yn y cyfnod hwnnw hefyd. Rwy'n gobeithio na fûm yn rhy llawdrwm ar neb!

Pan euthum i Goed-y-bryn o Dre-groes, rwy'n cofio darganfod yn stordy'r ysgol ysgub fechan o ddeuddeg o wialenni ar gyfer gweinyddu cosb. Roedd hi'n arferiad gynt i archebu'r rhain oddi wrth E. J. Arnold, sef y cwmni enwog a arferai gyflenwi ysgolion â sialc, copi-bwcs a phob math o nwyddau ac offer angenrheidiol. Cofiaf yn dda gweld yn eu catalog yr eitem yma: *1 doz punishment canes*. Gallaf ddweud â'm llaw ar fy nghalon nad archebais i, ac na ddefnyddiais i, yr un ohonyn nhw erioed!

Ond rwy'n ddigon hen ffasiwn i gredu bod yn rhaid wrth gosb *weithiau* mewn ysgol ac mewn dosbarth a bod yn rhaid disgyblu pan fo plentyn yn mynd dros ben llestri. Lle na bo disgyblaeth esmwyth mewn ysgol, ni all fod llawer o raen ar y dysgu. Yn y pen draw, y plant eu hunain sy'n dioddef lle mae disgyblaeth wedi mynd yn benrhyddid. Yn yr ysgol, fel yn y cartref a'r byd mawr tu allan, mae'n rhaid wrth gyfraith a threfn.

Yn ôl ystadegau a gyhoeddwyd gan y BBC yn ddiweddar, dywedir fod 36,000 o athrawon amser llawn wedi gadael eu swyddi yn ystod y flwyddyn ddiwethaf, ac un o'r prif resymau dros adael yr alwedigaeth oedd disgyblion anystywallt.

Ysgol Coed-y-bryn yn y 1960au.

Afiechyd

Yn y chwedegau, a minnau'n ysgolfeistr Coed-y-bryn, fe'm trawyd yn sydyn gan waeledd dwys iawn. Digwyddodd bron yn hollol ddirybudd.

Un diwrnod roeddwn yn holliach a thrannoeth roeddwn i yn fy ngwely yn chwysu a'm gwres yn uchel. Galwyd y meddyg ar frys, ond er fy nghornio'n fanwl a defnyddio rhyw brofion, ni allai ddirnad beth oedd yn bod arnaf.

Fe ddaeth ataf drannoeth, a'r tro hwn sylwodd fod fy nghroen wedi mynd mor felyn â chroen Tsieinead. Roedd y symptom yma, meddai ef, yn ei gwneud yn debygol mai rhyw anhwylder ar yr afu (iau) oedd yn gyfrifol am fy afiechyd.

Pan alwodd nesaf dywedodd y byddai'n rhaid i mi weld arbenigwr yn Ysbyty Glangwili, Caerfyrddin ar fyrder, a gofynnodd a oeddwn i'n barod i dalu am gael ei weld yn fuan. Gan ei fod ef yn argymell hyn, fe gytunais innau.

Fe'm galwyd i'r ysbyty ymhen rhyw wythnos. Erbyn hyn, roedd y gwres mawr wedi gostwng a'r clefyd melyn wedi gwaethygu. Ac fe deimlwn mor wan â brwynen. Cefais archwiliad manwl gan yr arbenigwr, ond erbyn diwedd yr ymweliad gwyddwn yn fy nghalon fod fy afiechyd yn gymaint o ddirgelwch iddo yntau ag yr oedd i mi a'r meddyg lleol. Gyrrodd fi adref heb gynnig unrhyw ddeiagnosis o gwbl, ac fe drefnodd fy mod yn ei weld eto ymhen yr wythnos.

Ar y trydydd ymweliad â'r ysbyty, fe ddywedodd ei fod yn methu gweld fod llawer o ddim yn bod arnaf, ac awgrymodd fy mod yn dychwelyd i'm gwaith yn yr ysgol.

Prin y gallwn gredu hyn. Roedd fy nghroen yn felyn ac roedd gwendid bron â'm llethu'n llwyr – a dyma arbenigwr yn awgrymu mod i'n ailgydio yn fy ngwaith!

Roedd ffrind i mi, Falmai, yn gweithio yn swyddfa bost Synod Inn, ac roedd hi'n gyfnither i arbenigwr meddygol yn un o ysbytai Llundain; roedd hwnnw'n ŵr i Proffesor

Sherlock, yr arbenigwraig fwyaf yn y byd ar anhwylderau'n ymwneud â'r afu.

Pan glywodd Falmai am fy salwch a'r diffyg sylw a gefais yng Nglangwili, daeth i'm gweld a dweud os own i am weld yr arbenigwraig Sherlock, y gallai hi gysylltu â'i chefnder er mwyn dwyn hynny i ben.

Nid oedd teithio i Lundain yn y cyflwr rown i ynddo yn apelio'n fawr, ond derbyniais gynnig Falmai yn ddiymdroi. Roedd hyn ar y penwythnos, a'r dydd Iau canlynol rown i wedi glanio yn y Royal Free Hospital lle roedd Dr Sherlock yn teyrnasu.

Daeth i'r ward ataf bore trannoeth a chynffon o ddarparfeddygon yn ei dilyn. Yn ystod ei sgwrs gofynnodd gwestiwn rhyfedd, '*You haven't been eating watercress, have you?*'

Fe ddwedes wrthi fy mod i'n hoff iawn o ferw'r dŵr gwyllt ac y byddai plant y ffermydd yn dod â pheth i'r ysgol i mi i'w fwyta.

'*Well, that may solve the mystery of your illness,*' meddai, ac aeth ymlaen i egluro fod yna afiechyd a effeithiai'n bennaf ar ddefaid, o'r enw *liver fluke*, ond afiechyd y gallai bod dynol ei ddal weithiau trwy fwyta berw'r dŵr a dyfai lle'r oedd defaid yn pori. Dywedodd mai prin iawn ym Mhrydain oedd achosion o *liver fluke* yn effeithio ar bobol. Dywedodd ymhellach y byddai rhaid cael profion i ddod o hyd i'r bŷg, ac ar ôl ei gael byddai modd gwella'r afiechyd.

Bûm yn y Royal Free am wythnos a rhagor a chael profion di-ri, ond ni ddaeth y pry, neu'r bŷg, i'r golwg. Yna, ar ôl i mi dreulio deng niwrnod yn yr ysbyty, dyma Sherlock yn dod i'r ward a'i chynffon myfyrwyr gyda hi, ac yn dweud fel hyn: '*Mr Jones lives in a lovely part of Wales – Cardiganshire. I think we'll send him home.*'

Bu'r geiriau'n sioc i mi. Dyma fi wedi dod i Lundain i weld yr arbenigwraig fwya'n y byd, a dyma hi'n fy anfon tua thre heb unrhyw driniaeth o gwbl!

Fe wyddwn i'n iawn mai wedi rhoi i fyny roedd hi, ar ôl methu dod o hyd i'r drwg, gan dybio'n siŵr mai cancr ar yr afu oedd achos fy afiechyd (fel roedd fy meddyg i fy hun wedi awgrymu wythnosau ynghynt).

Cefais nyrs o'r Royal Free i'm hebrwng ar y trên i Abertawe ac fe ddaeth fy ngwraig a'm mab i'm mofyn oddi yno mewn car. Dychwelais adre yn rhy wan i ddringo'r grisiau i'r llofft heb gymorth, a'm croen a'm llygaid o liw saffrwm llachar.

Galwodd hen gyfeillion i'm gweld a gofynnodd un neu ddau a oeddwn wedi ystyried gweld llysieuwr? Clywais fod gwraig o Landysul â'r un symptomau â mi wedi cael ei gwella gan lysieuwr o Rydcymerau yn Sir Gaerfyrddin.

Gan fod y meddygon proffesiynol wedi fy siomi, penderfynais 'mod i'n mynd i weld y llysieuwr o Rydcymerau. Wedi cael ei enw a'i gyfeiriad, aeth y wraig a minnau un diwrnod am Rydcymerau. Cawsom y dyn yn eistedd yn swrth o flaen tân – yn y ffliw neu annwyd trwm, a chot fawr am ei ysgwyddau i'w gadw'n gynnes.

Yn ddiymdroi dywedais wrtho mod i wedi dod i geisio iachâd gan 'mod i wedi clywed ei fod wedi gwella gwraig o Landysul.

Dywedodd ar unwaith na allai fy helpu.

'Pam?' gofynnais.

'Wel,' meddai, 'mae fy llygaid wedi mynd yn rhy ddrwg bellach i adnabod y llysiau angenrheidiol, a pheth arall, rwy i, oherwydd anhwylder, ar yr insiwrans, a phe bai doctoriaid Caerfyrddin yn dod i wybod 'mod i'n delio mewn llysiau, fe fydden nhw'n stopio'r insiwrans. Na, mae'n ddrwg gen i, ond alla 'i mo'ch helpu chi.'

Dywedais i wrtho 'mod i'n siomedig iawn, gan 'mod i wedi bod yn sal yn hir. Ond nid oedd dim yn tycio.

'Fe faswn i'n fodlon talu'n dda am y moddion,' medde fi ar y ffordd i'r drws.

'Arhoswch funud,' medde fe wedyn. 'Mae gen i ferch yn byw yng Nghwmduad sy'n gwbod y gyfrinach. Ewch i ofyn iddi hi.'

I Gwmduad â ni.

Dynes ganol oed a atebodd y drws yno.

Dywedais wrthi am fy anhwylder, a bod ei thad wedi dweud y gallai hi fy helpu.

'Fe fydd yn barod i chi nos yfory,' meddai'r ddynes, ar ôl petruso tipyn.

Roedd hi cystal â'i gair. Pan gyrhaeddais ei thŷ nos trannoeth, roedd ganddi lond fflagon o ryw stwff llwyd yn barod ar fy nghyfer. Rown i i gymryd llond llestr wy ohono ddwywaith y dydd.

Dechreuais ei gymryd yn union ar ôl mynd adre a bûm yn ei gymryd yn gyson wedyn am ryw dri neu bedwar diwrnod.

Yna, fe ganodd y ffôn yn ein tŷ ni a phan euthum i'w ateb, pwy oedd yno ond un o feddygon y Royal Free Hospital. Y peth cyntaf a ddywedodd oedd, *'I've got some good news for you.'*

'What is it?' ebe fi.

'We have found the bug. And we want you to come at once to receive treatment.'

Eglurodd fod rhai o'r profion a wnaed arnaf i wedi eu danfon i Labordy'r Afiechydon Trofannol – *Tropical Diseases Laboratory* – ac oherwydd bod y labordy hwnnw'n brysur iawn yn ystod yr amser y bûm i yn Llundain, roedd dehongli'r profion wedi gorfod aros eu tro.

Roeddwn yn ôl yn y Royal Free Hospital drannoeth tua chwech o'r gloch. Bu raid aros tan fore trannoeth cyn gweld yr arbenigwraig. Tua deg o'r gloch, dyma hi'n dod, a'i haid o brentisiaid gyda hi. Cofiaf am byth amdani'n aros wrth droed y gwely ac yn edrych yn syn arnaf i. Fe gofiaf ei geiriau hefyd. *'You look as if you're getting over it,'* meddai hi.

Cefais driniaeth wedyn, triniaeth a oedd yn cynnwys pigiadau poenus yn fy mhart ôl, ac fe ddechreuais wella bob dydd.

Wrth edrych yn ôl rwy'n teimlo'n ddiolchgar iawn i'r arbenigwraig yn Ysbyty'r Royal Free. Ond wedyn, rwy'n meddwl weithiau y gallai'r llysieuwraig o Gwmduad fod wedi gwneud y tric hefyd. Pam y dywedodd Sherlock, *'You look as if you're getting over it'*? On'd oedd hynny'n dangos fod y moddion llysieuol yn dechrau gweithio? Rwy'n teimlo bron yn siŵr . . . O ie, gair o gyngor. Peidiwch â bwyta berw'r dŵr gwyllt heb ei olchi'n lân, lân.

Eisteddfota

Mae'r eisteddfod wedi chware rhan bwysig yn 'y mywyd i. Fe ddechreuodd y cyfan pan own i'n grwt ifanc iawn – yn yr hen gyrddau cystadleuol slawer dydd a elwid yn *Penny Readings*, yn rhyfedd iawn. Ond eisteddfodau bach lleol oedden nhw, a Chymraeg oedd eu hiaith ar waetha'r enw Saesneg. Roedd y cyrddau hyn yn cael eu cynnal dan nawdd y capel neu'r eglwys, ac roedd mynd mawr arnyn nhw. Roedd pawb, bron, yn gwneud rhywbeth yn y cyrddau hynny.

Y gystadleuaeth oedd yn denu'r nifer fwyaf o gystadleuwyr oedd honno a elwid gennym yn 'Solo Twps'. Hynny yw, cystadleuaeth canu i rai heb ennill o'r blaen mewn unrhyw steddfod na *Penny Reading*. Byddai cynifer ag ugain neu ragor yn dod i'r llwyfan weithiau a byddai rhai ohonyn nhw'n gwneud sŵn aflafar iawn! Pe bai pob un yn cael canu ei solo drwyddi, byddai'n hanner nos ar y gystadleuaeth yn dod i ben, a'r hyn a ddigwyddai oedd i'r beirniad wrando ar ran gyntaf y solo, ac yna, ar ôl barnu ei fod wedi clywed digon, byddai'n rhoi tap â'i bensil ar y bwrdd o'i flaen, a hynny'n arwydd i'r canwr neu'r gantores gau pen y mwdwl.

Cofiaf am un cystadleuydd a oedd wedi ymarfer yn hir i ddysgu'r solo 'Merch y Cadben'. Ar y noson, pan ddaeth at y rhan yn y solo lle ceir y geiriau 'Mae'n boddi, mae'n soddi,' dyma'r pensil yn disgyn i roi terfyn ar ei ymdrech. Yn ei siom, wrth adael y llwyfan, fe ddwedodd dan ei anadl, 'Bodded i ddiawl â hi!'

Roedd y *Penny Readings* a'r eisteddfodau bach lleol yn ysgol ac yn goleg i mi. Ynddyn nhw y bwriais fy mhrentisiaeth. Ac fel y dwedais, roedd pawb yn gwneud rhywbeth yn y cyrddau hynny. Ar wahân i'r canu a'r adrodd, roedd cystadleuaeth 'chwe chwestiwn' ar y pryd,

'Sain wrth glust', sef nabod nodau ar y piano, gwneud ffon, llythyr caru, llunio limrigau, brawddegau a phenillion – ac os nad oedd gennych chi ddim dawn at yr un o'r rhain, fe allech chi drio'r gystadleuaeth 'dweud wit', neu stori ddoniol. Wrth edrych yn ôl, rwy'n synnu mor ddiniwed oedd y jôcs bach oedd yn dderbyniol yn yr hen *Penny Readings*. Dyma enghraifft:

Hen wraig fach yn rhedeg mewn i siop yr *ironmonger* yn Llandysul a'i hanadl yn ei dwrn, ac yn dweud, 'Dewch glou â trap llygod bach i fi, mae eisie dala bws Crosville arna i.'

Mae'n anodd credu ein bod yn chwerthin am ben jôcs fel'na. Ond rwy'n cofio cyfaill mwy mentrus na'r rhelyw ohonom yn mentro dweud y 'wit' yma un tro:

Roedd gwas ffarm yn caru merch o Sir Aberteifi, ac yn awyddus iawn i'w chael yn wraig iddo. Ond gwrthod wnaeth hi pan ofynnodd iddi.
'Pam 'te?' medde fe.
'Wel, gwas ffarm y'ch chi,' oedd yr ateb. 'D'ych chi ddim yn ennill digon i'n cadw ni mewn bwyd.'
'Ond mae rhywbeth siŵr o ddod,' medde'r bachgen.
'Ie, ond fydd eisie bwyd ar hwnnw wedyn,' atebodd hithau.

Yn yr hen ddyddiau pell yn ôl hynny, roedd jôc fel'na'n ymylu ar fod yn rhy agos at yr asgwrn, a go ychydig o chwerthin fu yn y festri'r noson y cafodd hi 'i hadrodd.

*   *   *

Ar ôl bwrw fy mhrentisiaeth felly yn y *Penny Readings*, fe ddaeth yr awydd i ledu fy adenydd dipyn a mentro cystadlu yn yr eisteddfodau mwy.

Fe ddysgais i'n fuan iawn fod hwn yn fyd gwahanol iawn i'r steddfodau bach a'r *Penny Readings*. Roedd mwy o arian a mwy o glod i'w hennill yn y rhain. Fe ddysgais hefyd fod mwy o dwyll a rhagrith ac ymgecru'n mynd ymlaen yn gyson ynddyn nhw. Roedd y papurau lleol fel y *Tivyside* neu'r *Journal* yn cynnwys llythyron gan feirdd yn ymosod ar ei gilydd, a beirniaid yn dadlau'n ffyrnig. Dyna pryd y dysgais i fod beirdd yn gollwyr sâl iawn. Dyna pryd y dysgais i hefyd fod yna feirniaid steddfod nad oedden nhw ddim yn gwybod eu gwaith. Os oeddech chi'n ffeirad, yn bregethwr neu sgwlyn, roeddech chi'n siŵr o gael galwad i feirniadu yn rhai o'r steddfodau mwy yma. Ac fe fydden nhw'n derbyn – yn aml heb unrhyw gymhwyster o gwbwl – er mwyn cael ychwanegu ychydig at eu cyflogau prin.

Dyna'r offeiriad enwog Ifan Davies, Llanfair Orllwyn, er enghraifft. Er ei fod yn arweinydd steddfod neu gyngerdd heb ei ail, doedd ganddo ddim syniad o gwbwl am reolau cerdd dafod (os oedd erioed wedi clywed amdanynt). Eto i gyd, fe fyddai'n beirniadu cystadleuaeth yr englyn yn gyson mewn eisteddfodau. Mae sôn amdano'n gwneud hynny mewn steddfod ym Mhontgarreg, gerllaw'r Cilie, lle roedd nythaid o englynwyr tan gamp yn byw. Meddai am englyn Siors Gaerwen – un o fechgyn y Cilie, a thad Tydfor – ac un o'r englynion mwyaf cywrain, 'Mae'r englyn hwn fel y byd cyn y creu, yn afluniaidd a gwag'. Yna aeth ymlaen i wobrwyo englyn cwbwl wallus!

Roedd pethau fel'na'n digwydd o hyd ac o hyd. Doedd dim rhyfedd fod cynifer o feirdd yn cael cam.

Roedd y cerddorion yn fwy lwcus fynychaf. Go anaml y byddai beirniad yn barod i farnu'r cantorion heb fod yn gwybod rhywbeth am gerddoriaeth. Ond am yr adran adrodd a llên, fe wnâi unrhyw un y tro.

Doedd y beirdd eu hunain fawr gwell. Clywais stori gan fy hen ysgolfeistr, John Jones, Brynsaron (a oedd ei hun wedi dysgu cynganeddu), am ryw fardd lleol yn dod i ddrws yr ysgol un bore a'i anadl yn ei ddwrn. Pan agorodd John Jones y drws, dyma'r bardd yn dweud,

'Rwy'i wedi gwneud englyn.'

'Fachgen,' medde John Jones, 'gadewch i mi gael 'i weld e.'

Estynnodd y bardd ddarn o bapur iddo, a dechreuodd John Jones ddarllen.

'Fachgen,' meddai ymhen tipyn, 'ble mae'r gynghanedd?'

'Beth yw hwnnw?' gofynnodd y bardd yn syn.

A dyna'r hanes am Waldo Williams, y bardd, o ran sbort, yn gyrru un o englynion R. Williams Parry i mewn i steddfod yng ngodre Sir Aberteifi. Roedd ef yn nabod y beirniad (o Sir Benfro) yn dda, ac fe wyddai nad oedd hwnnw'n gwybod dim am reolau'r gynghanedd. Mae'n debyg mai atal y wobr wnaeth y beirniad y tro hwnnw.

Ond mae 'na sôn am un beirniad a wobrwyodd ei hunan! Ei enw oedd Cynfelin Benjamin – y Parch. Cynfelin Benjamin – a oedd unwaith yn weinidog ym Mhisgah, Talgarreg. Mae'n debyg fod hyn yn berffaith wir, oherwydd hyd yn ddiweddar iawn, roedd yna bobl yn fyw yn Nhalgarreg a oedd yn bresennol yn yr eisteddfod ar y noson y digwyddodd y peth. Roedd Cynfelin yn feirniad llên ac adrodd yn y steddfod yn Nhalgarreg, a phan ddaeth beirniadaeth yr englyn, fe gododd ar ei draed ac fe ddwedodd air neu ddau am yr englynion oedd wedi dod i mewn, ac yna cyhoeddodd ffugenw'r buddugol. Edrychodd y gynulleidfa o gwmpas i weld pwy oedd yn mynd i godi i hawlio'r wobr. Ond yn y distawrwydd dyma Cynfelin yn cyhoeddi 'Fi yw e!'

Ymhen tipyn ar ôl y digwyddiad uchod, fe aeth hi'n ffrae ofnadwy rhwng Cynfelin a'i eglwys ym Mhisgah. Yn wir, fe aeth pethau mor chwerw nes y bu raid iddo ymadael â'i eglwys ar fyrder. Bu'n ymgartrefu wedyn mewn bwthyn bach yn Ffostrasol. A rhyw dro roedd steddfod yn y pentre hwnnw, a llinell gyntaf y limerig yn y steddfod honno (adeg y Rhyfel Byd Cyntaf) oedd 'Pan geir yr hen Geiser i'r ddalfa'. Roedd llawer wedi cynnig – rhai am ei gladdu yn y domen, eraill am ei yrru drwy'r pwlper, ac yn y blaen fel'na. Ond cynnig Cynfelin oedd 'Gwnewch e'n weinidog ym Mhisgah!'

Ymhen tipyn, ar ôl ennill nifer dda o wobrau, gan gynnwys rhai cadeiriau, fe ddaeth ynof awydd dyrchafu fy llygaid i'r mynyddoedd! Ac fe ddechreuwyd cystadlu yn y Genedlaethol fawr! Gyrrais englyn i Eisteddfod Genedlaethol Caerffili, 1950, ac fe enillais y wobr gyntaf ar

Evan Jenkins, Alun Cilie, fi a Dafydd Jones, Ffair Rhos
yn eisteddfota.

y testun 'Ceiliog y Gwynt' allan o yn agos i bedwar cant yn
cystadlu. Doeddwn i ddim yn y steddfod pan gyhoeddwyd
y fuddugoliaeth honno. Rown i gartre yn y tŷ yn Llangrannog
yn gwrando'r newyddion chwech gyda'r wraig. Ar ôl mynd
drwy'r newyddion, dyma'r llais yn dweud 'Ac yn awr fe
awn i drosodd i'r Babell Lên i glywed canlyniadau'r dydd.'
A'r peth cyntaf ddaeth allan oedd enw'r buddugol yng
nghystadleuaeth yr englyn – sef fi! Roeddwn i'n llawen
iawn – wedi dringo o'r *Penny Readings* a'r steddfodau eraill
– i'r Genedlaethol fawr!

Ond ymhen ryw wythnos, down i ddim mor llawen! Fe
ddechreuodd y beirniaid sgrifennu i'r *Faner* a'r *Cymro* yn
nodi'r beiau yn fy englyn. Doedd neb yn canmol, ac roedd
hyn yn gryn siom i mi.

Ond y critig gwaethaf oedd dyn o Lundain o'r enw
Morris, os wy'n cofio'n iawn. Fe ddwedodd hwnnw bethau
cas amdanaf i, awdur yr englyn. Ond cyn mynd ymhellach,
gwell imi ddyfynnu'r englyn (rhag ofn bod rhai ohonoch
wedi ei anghofio – er ei bod yn anodd gennyf gredu hynny!):

Ceiliog y Gwynt

Hen wyliwr fry mewn helynt – yn tindroi
    Tan drawiad y corwynt,
   Ar heol fawr y trowynt,
   Wele sgwâr polis y gwynt.

Yn awr, fe wêl y darllenydd ar unwaith fod y gair 'gwynt' yn digwydd deirgwaith yn yr englyn – peth digon naturiol o ystyried y testun. Ond fe roddodd gyfle i'r critig mawr, Mr Morris, ddweud yn ei feirniadaeth yn y *Cymro* fel hyn:

'Mae'n amlwg,' medde fe, 'fod y bardd, pan oedd yn cyfansoddi'r englyn hwn, yn *dioddef oddi wrth y 'gwynt'*!'

Ond er gwaetha'r holl feirniadu anffafriol a fu ar fy englyn, fe roddwyd iddo unwaith – gan un person – ganmoliaeth uchel. Fel hyn y buodd hi.

Rhyw bythefnos ar ôl yr eisteddfod, fe gefais ffôn o'r BBC. Y ddiweddar Miss Nan Davies oedd yn galw, ac roedd hi'n awyddus i ddefnyddio'r englyn ar ryw raglen deledu neu'i gilydd. Gofynnodd i mi a oedd gen i ryw geiliog gwynt arbennig yn fy meddwl pan own i'n llunio'r englyn.

Dywedais wrthi mai'r un ar hen dŵr eglwys Llangynllo, heb fod ymhell o'n tŷ ni, oedd yr un oedd gen i yn llygad fy meddwl. Dywedodd wedyn ei bod yn mynd i anfon dyn camera lawr i dynnu ei lun.

Ymhen rhai dyddiau fe ddaeth y dyn camera, ac aethom gyda'n gilydd i lawr i fynwent yr eglwys i dynnu ei lun. Ar ôl edrych ar y ceiliog trwy lens ei gamera am dipyn, dyma fe'n troi ata i ac yn gofyn, '*What did you say about it in your poem?*'

A medde fi, '*I compared it to a policeman standing on the crossroads of the winds – directing the traffic.*'

Edrychodd y dyn yn syn arnaf, fel petawn yn Shakespeare neu Wordsworth. '*What wonderful imagery!*' medde fe, â pharchedig ofn yn ei lais.

A dyna'r unig ganmoliaeth a gafodd fy englyn buddugol cenedlaethol – gan Sais!

Hel Cadeiriau

Yn rhyfedd iawn, roeddwn i mewn darlith ym Mhontgarreg ar brynhawn Sadwrn pan glywais i 'mod i wedi ennill y Gadair Genedlaethol yn eisteddfod Glynebwy. Roeddwn i'n gwrando ar Waldo Williams yn traddodi'r ddarlith yn neuadd y pentre pan ddaeth y Capten Dafydd Williams, a oedd yn byw yn agos i'r neuadd, i guro ar y drws. Roedd ganddo neges i mi – i ffonio'r wraig yn ddiymdroi.

Pan lwyddais i gyrraedd y ffôn, cefais wybod gan fy ngwraig fod yna ryw ddyn a dynes wedi dod o Lynebwy i'm gweld, ac meddai braidd yn gynhyrfus, 'Rwy'n meddwl bod ti wedi ennill y Gadair!' Gadewais y ddarlith ar ei hanner a gyrru adre yn y car.

Cefais gadarnhad gan y dyn a'r ddynes 'mod i – yn ddiamheuol – wedi ennill! Ac ymhen rhyw ddeuddydd fe ddaeth llythyr swyddogol i gadarnhau hynny oddi wrth Gofiadur yr Orsedd.

Yn y dyddiau hynny (1958), wythnos yn unig o rybudd a gâi'r bardd buddugol. Felly, roedd rhaid mynd ati ar unwaith i drefnu'r daith i Lynebwy ar gyfer y cadeirio. Fe benderfynwyd 'mod i'n cychwyn yn fore ar dydd Mercher – yn y car gyda fy mrawd, Edwin, a'm hen gyfaill ac ewythr fy ngwraig, Alun Cilie. Roedd fy ngwraig wedi penderfynu mai gyda bws ar fore Iau y byddai hi'n teithio i'r Ŵyl.

Fe gyrhaeddwyd Glynebwy a'r Steddfod yn ddiogel cyn amser cinio. Ar ôl cael pryd o fwyd, fe aethom i grwydro'r maes ac fe fu raid stopio'n aml i gael sgwrs â hen gyfeillion. Er syndod a siom i mi fe ddaeth un hen gyfaill ataf gan estyn ei law a dweud, 'Llongyfarchiadau i ti, Llew.'

'Am beth?' ebe finne.

'Rwyt ti'n cael y Gadair fory,' medde fe. Oedd, roedd y gyfrinach wedi cyrraedd maes yr eisteddfod o 'mlaen i. Fe geisiais wadu, ond deallais yn fuan iawn fod y stori wedi mynd ar led.

Rywbryd yn ystod y prynhawn, fe ddechreuon ni feddwl 'i bod hi'n bryd i ni chwilio am lety dros nos. Mynd i'r swyddfa 'Llety a Chroeso', ond doedd dim gan neb yno i'w gynnig. Trio'r gwestai wedyn, ond roedd y rheini'n llawn, neu doedden nhw ddim yn derbyn ymwelwyr.

Erbyn hyn roedd hi tua phump o'r gloch, a ninnau'n dechrau pryderu. Wedi siarad â'n gilydd fe benderfynwyd ein bod yn mynd allan o'r dre i chwilio. Fe ddaethon ni ymhen tipyn at stad o dai brics coch, ac fe benderfynwyd ein bod yn curo ar bob drws i ofyn am lety. Fe wyddai'r tri ohonom erbyn hyn ei bod wedi mynd yn dipyn o argyfwng arnom. A oedd bardd Cadair Eisteddfod Glynebwy a'i ddau gydymaith yn debygol o orfod treulio'r nos cyn y cadeirio yn eistedd yn y car neu ar fainc yn y parc?

Buom yn curo ar sawl drws. Ond yr ateb yn ddieithriad oedd, '*I'm sorry, no we don't take lodgers.*'

Ymlaen â ni at y tŷ nesaf a'r nesaf wedyn, heb ddim lwc.

Wedi curo ar y nawfed neu'r degfed drws, dyma wraig yn dod i'r drws, ac wedi clywed ein cais, dyma hi'n dweud, fel y lleill, '*No, I'm sorry.*' Ond wedyn dyma hi'n dweud, '*Wait a minute, I've got one double bed . . .*'

Roeddwn i ar fin dweud wrthi, '*No thank you,*' pan feddyliais y gallai derbyn ei chynnig fod yn gam ymlaen.

'*We'll have it,*' meddwn i, gan feddwl y byddai gennym o leiaf do uwch ein pennau wrth ei dderbyn.

Gwahoddodd y wraig ni i mewn i'r tŷ wedyn, ac wedi gweld yr olwg flinedig arnom, fe aeth ati i wneud cwpanaid o de inni. Yn rhyfedd iawn, tra oedden ni'n yfed ein te, fe ddaeth nifer o wragedd o rywle i mewn i'r tŷ, fel petaen nhw wedi dod i weld rhyw ryfeddod. Erbyn hyn, mae'n anodd gen i gredu fod hyn wedi digwydd, ond mae'n berffaith wir. Buont yn siarad ymysg ei gilydd, a chyn bo hir fe ddywedodd rhyw wraig weddw fod stafell a gwely gyda hi i Alun Cilie!

Yn sydyn reit fel'na, dyna ein holl broblemau wedi eu

setlo – Alun gyda'r widw ac Edwin fy mrawd a minnau yn y gwely dwbwl.

Erbyn hyn, roedd hi tua chwech o'r gloch a ninnau, ar waetha'r te, yn teimlo'n bur newynog. Gofynnais i'r wraig a oedd caffe neu rywbeth ar agor ar y stad. Ond dywedodd y byddai hi'n barod i wneud *fish and chips* i ni. Diolchwyd iddi a dweud wrthi y byddem yn mynd am dro tra byddai hi'n paratoi'r bwyd.

Aethom allan ein tri a cherdded i lawr y stryd, a dod ymhen tipyn at dafarn. Roedd y drws ar agor, ac i mewn â ni. Erbyn hyn fe wyddai Edwin ac Alun mai fi oedd piau'r Gadair drannoeth ac, wrth gwrs, arnaf i y syrthiodd y cyfrifoldeb o dalu am bobo lasied o gwrw, ac, efallai, un arall wedyn.

Yn ôl wedyn i'r *lodgings* erbyn saith i gael ein swper.

Erbyn hynny roedd gŵr y wraig oedd wedi rhoi croeso i ni wedi dod adre o rywle. Dyn bach byr â sbectol drwchus oedd e, ac roedd e'n eistedd ar ryw fath o sgiw yn ymyl y lle tân. Eisteddodd Alun Cilie yn ei ymyl, ac Edwin fy mrawd a minnau ar ryw fainc gyferbyn. Gan nad oedd swper yn barod, dechreuodd Alun a gŵr y tŷ sgwrsio â'i gilydd yn Saesneg. Ni fu'r dyn bach yn hir cyn rhoi gwybod i ni ei fod yn bregethwr cynorthwyol gyda'r Bedyddwyr Saesneg. O glywed hyn, dechreuodd Alun ymffrostio ei fod yn flaenor ac yn arweinydd y gân gyda'r Annibynwyr yng Nghapel y Wig.

Roedd y sgwrsio'n mynd yn hwylus nes i ryw whiff neu arogl o'r ddiod roedd Alun wedi'i hyfed gyrraedd ffroenau'r pregethwr cynorthwyol. Fe ddiraenodd yn sydyn a neidio ar ei draed. *'I hope you don't drink!'* mynte fe. Roeddwn i ar fin agor fy ngheg i ddweud, *'No, we don't.'* Ond cyn i'r un gair ddod o'm genau roedd Alun wedi dweud, *'Yes, we do.'*

Edrychodd y dyn o un i'r llall ohonom am funud. Roedd hi'n amlwg ei fod yn ddirwestwr pybyr. *'Well, you can get out of here now then,'* meddai, gan godi ei lais.

Plymiodd fy nghalon i'r dyfnderoedd. Dyma ni allan ar y stryd heb lety wedi'r cwbwl! Ac yn awr roedd hi'n nosi'n gyflym a ninnau heb fawr o obaith am le arall.

Ond yn ffodus iawn roedd gan y pregethwr cynorthwyol wraig dda. A hi dorrodd y ddadl. Meddai, gan droi at ei gŵr, *'No, I've promised them, and they're not going from here tonight. They can go in the morning, but not tonight.'*

Bendith arni! Fe fu raid i'r gŵr dewi ac ildio i'r drefn.

Fe gafwyd y *fish and chips*, ac yn fuan wedyn fe aeth Alun at y widw a'n gadael ni'n dau i geisio cynnal sgwrs â'r dyn bach. Rown i'n teimlo dipyn yn flin fod Alun wedi dweud *'Yes, we do,'* ond fe wyddwn ers blynyddoedd am ei ddireidi a'i dynnu coes. Serch hynny, fe deimlwn dipyn bach yn chwithig o gofio, pe baen ni wedi ein troi allan i'r nos, dim ond Edwin a finnau fyddai'n dioddef. Roedd e'n ddiogel gyda'r widw.

Ychydig iawn o hwyl fu ar y sgwrsio ar ôl i Alun fynd, a chwap ar ôl rhyw hanner awr wedi wyth, fe aeth fy mrawd a minnau i fyny'r grisiau i'n hystafell wely.

A dyna un o'r nosweithiau mwyaf annifyr a dreuliais i erioed. Roedd fy mrawd yn glorwth deunaw stôn a'r gwely'n gul, a minnau'n gorfod bodloni ar ychydig fodfeddi ar yr erchwyn. Doedd dim modd cysgu gan mor annifyr oedd fy sefyllfa, ac i wneud pethau'n waeth, roedd fy mrawd yn chwyrnu'i chalon hi.

Ond wedi hir ddisgwyl, fe ddaeth y wawr, ac ymhen tipyn fe aethom ein dau i lawr i'r gegin i gael ein brecwast.

Roedd gŵr y tŷ yno wrth y bwrdd yn bwyta'n barod. Gwenodd yn rhadlon arnom. Roedd yn amlwg mewn hwyliau gwell o dipyn erbyn hyn. Dywedodd wrthym ei fod wedi prynu tocynnau iddo ef a'i wraig i fynd i'r steddfod, er nad oedd, meddai ef, wedi bod mewn steddfod erioed. Ddwedais i ddim wrtho am gadw llygad tua'r tri o'r gloch 'ma pan fyddai'r *lodger* yn dringo i'r llwyfan i gael ei gadeirio. A dweud y gwir, down i ddim wedi maddau iddo am ei agwedd y noson cynt. Wedi'r cyfan, doedd dim un ohonon ni wedi cael mwy na dau lasied!

Ar ôl gorffen brecwast, fe ddaeth Alun Cilie i'r tŷ atom, a chyn bo hir fe aethom ein tri gyda'n gilydd am faes yr eisteddfod. Ond cyn mynd, roeddwn i wedi trefnu â gwraig y tŷ mai myfi a'm gwraig fyddai'n dychwelyd y noson honno i'r stafell lle cafodd fy mrawd a minnau noson mor hunllefus.

Chawson ni fawr o wybodaeth gan Alun Cilie ynglŷn â sut le oedd e wedi'i gael y noson cynt yn nhŷ'r widw, ond fe gyfaddefodd nad oedd e ddim wedi talu ceiniog am 'i lojins!

* * *

Mae hi'n brynhawn dydd Iau bellach, a'm gwraig wedi cyrraedd. Mae'n ddiwrnod cawodog ac mae Alun Cilie ac Edwin wedi'n gadael, gan wybod fod gennym ddwy sedd gadw ar ein cyfer yn y pafiliwn at y cadeirio. Mae sawl un, er mawr ofid i mi, yn dod ataf i'm llongyfarch ar ennill y Gadair. Mae'r si ar hyd y Maes i gyd, fel yr oedd hi ddydd Mawrth hefyd, pan gafodd Llew arall, sef Llewelyn Jones, Llanbadarn, y Goron. Lluniodd Waldo Williams gwpled i'r amryfusedd yn Saesneg:

Unlucky lion leakage:
Two have come out of a cage.

Fe ddaeth tri o'r gloch a'r cadeirio, ac fe aeth pethau'n ddigon hwylus. Rywbryd yn ystod y seremoni rwy'n cofio imi feddwl am y dyn bach â'r sbectol drwchus. Tybed beth oedd e'n ei feddwl wrth weld y *lodger* yn gwisgo porffor a cherdded i'r llwyfan i gael ei gadeirio?

Mae'r wasg a'r teledu'n mynd â llawer o amser y bardd buddugol ar ôl y seremoni, ac roedd hi'n agos i bump o'r gloch ar y wraig a minnau yn cyrraedd 'nôl yn y lojins. Pan aethon ni i mewn i'r tŷ roedd y pregethwr cynorthwyol yn sefyll yn ymyl bwrdd y gegin. Er mawr syndod i mi, sylwais fod dagrau wedi cronni y tu ôl i'r sbectol drwchus. Estynnodd ei law a chydiais innau ynddi a'i gwasgu.

'Mr Jones,' medde fe a'i lais yn crynu, *'you're a better man than I am . . .'*

'No, don't say that,' ebe fi.

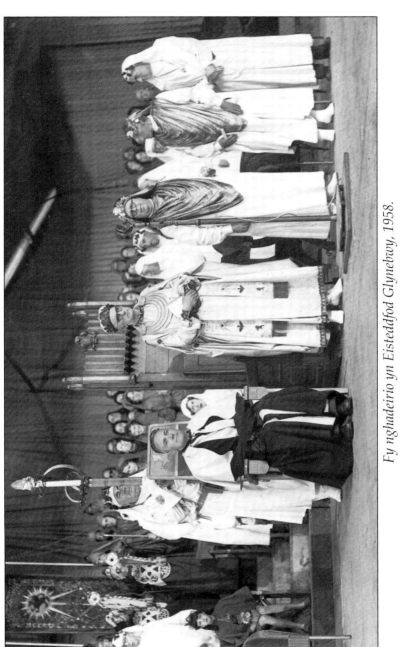

Fy nghadeirio yn Eisteddfod Glynebwy, 1958.

'*Yes you are,*' meddai, '*and if you want a little drink tonight, you go and have it.*'

Bendith arno!

Cysgodd y wraig a minnau o dan ei gronglwyd y noson honno, ac yn rhyfedd iawn, teimlwn fod y gwely'n llawer lletach a mwy esmwyth ar ôl cael rhywun o faint cymedrol i'w rannu â mi.

* * *

Y flwyddyn ganlynol, ym 1959, enillais y Gadair eto – yng Nghaernarfon. Y tro hwn rown i'n benderfynol 'mod i'n cadw'r gyfrinach i mi fy hun. Down i ddim yn mynd i ddweud wrth neb ond fy ngwraig, rhag ofn i ni gael '*unlucky lion leakage*' arall!

Wel, dyma gychwyn am Gaernarfon ar fore Mercher. Yn rhyfedd iawn, yr un dau oedd gen i yn y car y tro hwn ag yng Nglynebwy – sef Alun Cilie ac Edwin, fy mrawd. Yn ystod y daith fe fu Alun Cilie'n ceisio dyfalu pwy allai fod yn cael y Gadair.

'Fachgen, pwy all fod â hi 'leni?'

Finnau â'm llygaid ar y ffordd o 'mlaen, yn dweud dim.

'Mathonwy Hughes, falle wir, neu Brinley Richards, synnwn i ddim.'

A minnau â'r llythyr pwysig yn fy mhoced yn gadael iddo ddyfalu.

Wedi cyrraedd Caernarfon, a cherdded tipyn o gwmpas, dyma ni'n cwrdd â'r bardd-gyfreithiwr Brinley Richards, hen gyfaill eisteddfodol annwyl iawn. Ac meddai Brinley wrthyf fi, 'Rwyt ti a fi i fod i gyfarch y bardd fory.'

Rhaid i mi egluro ei bod yn arferiad yn yr Eisteddfod Genedlaethol i'r bardd buddugol un flwyddyn gyfarch bardd buddugol y flwyddyn ganlynol. Felly rown i – bardd Cadair Glynebwy, wedi fy newis i gyfarch bardd Cadair Caernarfon – gyda Brinley!

'Ydyn,' meddwn i wrth Brinley, ac i daflu dierth ymhell, dyma fi'n mentro gofyn iddo, 'Pwy yw e?'

'Does gen i ddim syniad,' medde fe. 'Maen nhw'n 'i chadw hi'n glòs 'ma 'leni. Ond heno rwy'n mynd i weld rhywun sy'n siŵr o fod yn gwbod. Wela i di ar y Maes bore fory, ac fe gei di wbod bryd hynny pwy yw e.'

Fore trannoeth, daeth y cyfaill Brinley atom ar y Maes.

'Wel?' meddwn i wrtho.

'Wyddost ti,' medde fe, 'rwy'i wedi ffaelu! Mae'n rhyfedd 'ma 'leni! Ond os nad wy' i wedi cael enw'r bardd, mae'i ffugenw fe gyda fi.'

Ac fe ddwedodd y ffugenw rown i wedi'i roi wrth yr awdl fuddugol.

'Beth wna i nawr 'te?' gofynnais.

'Wel,' medde Brinley, 'gwna di englyn gyda'r ffugenw ynddo fe a fyddi di'n iawn.' A ffwrdd ag e gan ddweud, 'Wela i di ar y llwyfan.'

Wyddai e ddim mor broffwydol oedd ei eiriau!

Daeth seremoni'r cadeirio a dringais innau, yn fy ngŵn porffor, i'r llwyfan ar alwad y Corn Gwlad.

Wedi cyrraedd y llwyfan, gwelais Brinley yn ei ŵn gorseddol yn sefyll yn ymyl y Gadair. Wrth i mi fynd heibio iddo, plygodd ymlaen a dweud dan ei anadl, 'Y cythraul bach â ti!'

Dim ond fe'i hunan fu'n cyfarch y bardd y diwrnod hwnnw. Doedd swyddogion yr Eisteddfod ddim wedi sylweddoli fod y bardd oedd i fod cyfarch y bardd buddugol yn methu â gwneud, gan mai ef oedd bardd y Gadair!

Roedd Alun, Edwin a minnau yn aros yn y Royal Hotel, Caernarfon, dros y tridiau y buom yn yr Ŵyl – lle braf, ond costus. A chan mai £30 a'r Gadair oedd gwobr prifardd yn y dyddiau hynny, rwy'n cofio dweud wrth fy nau gydymaith ar y ffordd adre – 'Allwn i ddim fforddio ennill Cadair arall!'

Croesawu'r Prifardd yng Nghloed-y-bryn – J. Lloyd Jones, Alun Cilie, Gerallt Jones, Jac Alun, J. R. Jones Tal-y-bont, Rhys Nicholas, Mrs Jones, fi, S. B. Jones, ?, Isfoel, B. T. Hopkins, Emyr Edwards, Tydfor, Dafydd Jones (Ffair Rhos), Dic Jones.

Cythraul yr Awen

Aydych wedi sylwi fel y mae eisteddfodwyr a chystadleuwyr mewn eisteddfodau wedi mynd yn greaduriaid rhyfedd o ddof a pharchus y dyddiau hyn? Go brin y clywn am neb yn gwrthdystio'n gyhoeddus nac yn dringo'n herfeiddiol i'r llwyfan i brotestio, neu i ymosod yn gorfforol ar y beirniad. Yn wir, go anaml y clywn am neb 'wedi cael cam' bellach. Mae rhyw foneddigeiddrwydd a rhyw oddefgarwch anniddorol wedi disgyn dros holl faes y cystadlu eisteddfodol.

Fe fu amser pan na châi'r un englyn 'cenedlaethol' ei dderbyn heb gael ei dynnu'n 'bishis' gan y colledigion dienw yn y *Faner* a'r *Cymro*.

Roedd ysgrifennu pethau cas am feirdd ac am feirniaid yn rhan o'r hwyl eisteddfodol gynt. '*Hell hath no fury like a woman scorned*,' medd y Sais, ond bron na ddywedwn i fod yna yng Nghymru ddicter mwy – sef dicter y cystadleuydd sydd wedi colli, ac wedi 'cael cam'. Fe ddylid rywbryd gasglu ynghyd yr holl lythyrau hyn a'u cyhoeddi yn un gyfrol. Byddai mynd mawr ar gyfrol felly.

Dyma'r math o beth.

Yn niwedd y ganrif ddiwethaf, aeth yn ffrae rhwng yr hen 'Ap Ionawr', a oedd yn byw yn Abertawe ar y pryd, a'r beirniad yn yr achos hwn, a rhyw fardd anfuddugol a'i galwai ei hun yn 'Fardd y Clwydi'. Roedd beirniadaeth hallt Ap Ionawr wedi codi gwrychyn 'Bardd y Clwydi' yn arw iawn. Ac, wrth gwrs, roedd e wedi sgrifennu llythyr i'r Wasg i gwyno. Dyma ran o ateb 'Ap Ionawr'. (Dylid nodi hefyd fod un o benillion 'Bardd y Clwydi' wedi mynd ar goll pan gafodd ei waith yn ôl o law'r ysgrifennydd.) Ebe 'Ap Ionawr':

Nid myfi, "Bardd y Clwydi", sydd yn gyfrifol am fod un o'ch penillion ar goll, ond dywedaf hyn, pe buasent ar goll i gyd, ni buasai barddoniaeth Cymru fawr tlotach.

Roedd 'Ap Ionawr' wedi dweud ar ei feirniadaeth fod y ffugenw 'Bardd y Clwydi' yn 'denau ac anfarddonol' (os clywyd erioed y fath beth!) Roedd hynny hefyd wedi digio'r ymgeisydd. Ond dyma ateb 'Ap Ionawr':

> . . . am roddi awgrym i chi yr oeddwn, i ddefnyddio ffugenw â thipyn o raen llenyddol arno. Ond dyna, beth yw eich ffugenw i mi? Y mae "Bardd y Clwydi" yn arwyddocaol iawn o'ch chwaeth a'ch talent lenyddol, gallwn feddwl, felly defnyddiwch ef. Nis gwn ddim o'ch hanes, ond os mai gwneuthurwr clwydi ydych o ran eich galwedigaeth, cymerwch gyngor yn garedig; ymroddwch at eich gwaith, bydd yn sicr o dalu'n well i chi na cheisio barddoni.
>
> Yr eiddoch,
> Ap Ionawr

Bron ar yr un cyfnod yn union roedd 'Ap Ionawr' ei hun o dan lach rhyw 'feirniad' dienw yn y *Celt*. Roedd 'Ap Ionawr' newydd ennill gwobr sylweddol am 'Bryddest Goffadwriaethol' i'r diweddar Arglwydd Abertawe, ac meddai'r llythyrwr dienw:

> Ti a bwyswyd yn y glorian ac a'th gaed yn brin, oedd ein dedfryd diduedd uwchben teilyngdod barddonol y bryddest uchod.

Mae'n cyhuddo 'Ap Ionawr' o ddefnyddio hen benillion o farwnadau eraill o'i eiddo (peth cyffredin iawn yn y dyddiau hynny. Bu un bardd yn ymffrostio wrthyf i flynyddoedd yn ôl iddo ennill chwe chadair ar hugain ar yr un gerdd goffa! Dim ond newid enw'r gwrthrych oedd eisiau bob tro!). Mae'n debyg fod 'Ap Ionawr' hefyd wedi clymu dwy linell wrth ei gilydd i wneud un, wedyn, er mwyn cadw o fewn terfynau'r gystadleuaeth, sef 300 llinell. 'Mae cydwybod ambell gystadleuwr o fardd fel ei linellau – yn gallu ymestyn i unrhyw hyd.'

Aeth ymlaen i ddweud fod yna 'werth masnachol i ddagrau ambell fardd'.

Ond o archwilio hen gylchgronau a phapurau wythnosol y ganrif hon, fe welir, rwy'n meddwl, mai'r pennill bach pedair llinell – sef yr englyn – oedd pennaf asgwrn y gynnen rhwng y cystadleuwyr a'r beirniaid (swyddogol ac answyddogol). Mae'n anodd dweud pam mai'r englyn oedd yn cynhyrfu pobl. Efallai am fod yna reolau cymhleth i'w dysgu cyn y gellir llunio englyn cywir. Hefyd, gan nad yw ond deg sillaf ar hugain i gyd, mae unrhyw wendid ac unrhyw wastraff geiriol yn weddol hawdd eu canfod.

Dyma hanes ffrae a gododd ynghylch englyn, flynydd-oedd yn ôl, yng ngholofnau'r *Tivy Side*, papur wythnosol Aberteifi a'r cylch. Roedd englyn i'r 'Genwair' wedi ei wobrwyo gyda chanmoliaeth uchel yn un o eisteddfodau godre Ceredigion, ac roedd Wil Ifan wedi rhoi ei droed ynddi trwy roi clod pellach iddo mewn darlith a draddododd (efallai yng Nghapel y Wig).

Yr wythnos ganlynol ymddangosodd llythyr yn y *Tivy Side* dan y ffugenw 'Josi' (un o fechgyn y Cilie, bron i sicrwydd). Roedd y llythyr yn tynnu'r englyn yn ddarnau. Dyma fe:

Synnem fod Wil Ifan mewn darlith wedi canmol yr englyn isod i'r "Genwair" a'i ystyried yn batrwm.

Genwair
Hir ffon lân ac ar ei phen linyn—bach
    Bychan ac abwydyn,
    Os cydia y pysgodyn,
    A dal daw i law y dyn.

Dealled y darllenydd mai gwialen bysgota yw genwair, ond cawn agoriad yr englyn yn ei galw yn 'hir ffon lân'! Staff, pastwn, ffon fagl neu ffon ysgol – y mae pob ffon yn hollol *anystwyth* onid yw? Ai un felly yw gwialen bysgota? Na, choelia i fawr. Geilw hi hefyd yn 'hir ffon'. Ffon hir, wrth gwrs, a ddylasai fod.

101

Chlywais i neb erioed yn galw 'mawr geffyl' ar geffyl mawr. Wedyn dwed ei bod yn lân. Nid oedd gan yr awdur un sicrwydd o hynny. Nid yw'r gair 'glân' yn ddim ond gair llanw er mwyn cael yr 'l - n' i gynganeddu â'r 'l - n' arall yn y llinell. Yn y drydedd dwed, 'Os cydia y pysgodyn'. Gallem feddwl mai'r pysgodyn sydd yma yn hel! Chlywais i erioed neb yn dweud fod pysgodyn wedi *dal* mwydyn.

Peth arall, nid ar ben y wialen y mae'r llinyn, ond drosti i gyd o'r dirwynydd i'r blaen ac ymhell tu hwnt.

Gwelais feddargraff yn rhywle yn debyg i'r erthyl hwn o englyn, lle dygwyd pethau amherthnasol i mewn er mwyn ei gael i ben.

> Fan yma y gorwedd ein hannwyl Miss Lloyd
> Fu farw o henaint yn ugain oed;
> Miss Jones oedd ei henw – y fi wnaeth y 'Lloyd'
> Er mwyn cael rhywbeth i odli â 'oed'.

Efallai y bydd gair bach fel hyn yn *garedig*, yn agoriad llygad i'n henglynwyr ifainc i fod yn wyliadwrus.

Yn gywir,
'JOSI'

Daeth yr ateb yn brydlon yr wythnos ganlynol, a'r ffugenw'r tro hwn oedd NI WAETH PWY (awdur yr englyn tila uchod, does dim dadl!). Mae yna lawer o le i gredu mai'r awdur oedd Cynfelin Benjamin, y creadur rhyfedd hwnnw, fe gofiwch, a fu unwaith yn weinidog Pisgah, Talgarreg, a gŵr y ceir toreth mawr o'i lythyrau a'i lên yn y Llyfrgell Genedlaethol.

Ond at y llythyr:

'Ni raid ei ganmol eto (yr englyn); gwnaed hynny'n helaeth gan y beirniad a'i gwobrwyodd, gan Wil Ifan, a rhai beirdd *cenedlaethol* eraill.'

(Mae'n werth nodi cyn symud ymlaen mai'r beirniad a oedd wedi gwobrwyo'r englyn oedd y Parch. Ifan Davies, Llanfair Orllwyn. Roedd y gŵr dawnus hwn yn enwog fel arweinydd eisteddfodau mawr a mân. Yn wir, fe arferid dweud fod yna eisteddfod yng Nghrymych flynyddoedd yn ôl na châi ei chynnal os na allai 'Llanfair Orllwyn' fod yno i'w harwain. Ni fedrai un arweinydd arall gadw trefn ar bethau.

Ond roedd Ifan Davies yn beirniadu llên ac adrodd hefyd, ac ni wyddai'r dim lleiaf am gynghanedd. Fe gofiwch amdano'n beirniadu englyn Siors Gaerwen yn eisteddfod Pontgarreg! Beth bynnag am hynny, mae'r Parch. Ifan Davies, Llanfair Orllwyn yn haeddu pennod iddo'i hunan mewn unrhyw gyfrol yn olrhain hanes yr eisteddfod.)

Ond yr ydym ar hanner trafod llythyr NI WAETH PWY.

Dyn *caredig* iawn yw JOSI. Mae ei garedigrwydd yn ei rwystro braidd iddo feirniadu fel y dymunai. Ac ystyried hynny, mae'n mentro ati'n lled wrol, i un â chymaint o dynerwch ynddo.

Dywed mai 'ffon hir' yn unig sy'n gywir, ac nad yw 'hir ffon' felly'n gywir o gwbwl. Dichon i'r darllenydd synnu na fuasai JOSI wedi cofio am 'hir amynedd' a 'hir oes', 'hirddydd', 'hir gartref' a 'hir ymaros', 'hir ddioddef'. Ond dylem gofio nad yng nghof JOSI y mae ei ragoriaeth, ond yn ei serch – bod yn *garedig*.

Ymddengys fod yna un enghraifft yn llith JOSI ei hun o roi'r ansoddair o flaen yr enw, sef yr 'annwyl Miss Lloyd'. Ond chware teg i JOSI, nid ef a luniodd y pennill hwnnw, ei weld yn rhywle a wnaeth. Pe bai ef wedi ei lunio ei hun, byddai wedi gofalu dweud 'Miss Lloyd annwyl'.

Nid yw'n fodlon wedyn fod y llinyn 'ar ben' y ffon. Wrth gwrs, gallai pob dyn synhwyrol arall gredu ei bod yn gallach dweud fod y llinyn wrth ei phen nag wrth ei bôn, ond rhaid i ni gofio nad yw JOSI'n meddwl fel pobl eraill. Mae'n rhy awyddus i agor llygaid eraill a bod yn *garedig*. Os oedd Josi'n cystadlu byddai'n wledd i ni weld ei englyn, rwy'n siŵr. Os nad oedd, a fydd mor 'garedig' â chyfansoddi englyn i'r 'Genwair' er mwyn i englynwyr ifainc – a ninnau'r rhai sy'n heneiddio – gael *patrwm*.

Prynhawn da, JOSI,
NI WAETH PWY

Mae lle i gredu mai'r ffaith mai collwyr sâl iawn yw beirdd, sy'n cyfrif am yr ysgrifennu carlamus a sbeitlyd yma yn y wasg o hyd ac o hyd. Nid yw 'Cythraul y Canu' yn ddim ond cysgod gwan yn ymyl 'Cythraul yr Awen'! Dyma fel yr ysgrifennai John Tydu (un arall o Fois y Cilie) at ei gyfaill, Brythonydd.

Enillais ym Mhencader ar eiriau deuawd i Denor a Bas. Ond yn Hawen!!! Yr oedd gen i englyn i'r Dywysen i mewn, a'r beirniad wedi dweud fod gwall yn y 3edd linell. A welwch chi yr un gwall? Na welwch, nac un bardd goleu-bwyll arall. Ond dywedodd y crachfardd hwnnw fod y llinell yn wallus. Ond erbyn hyn y mae y cynrhonyn coesgam wedi cael gwybod nad ydyw. Pwy oedd y buddugol? 'Bardd y Wadd', gŵr nad awn i fyny i'r un llwyfan yr un pryd ag ef i gydgyfranogi o ysbail byth. Gyrrais lythyr i'r *Journal* (Caerfyrddin) yr wythnos ddiwethaf. Ond mae y gethern dwyllodrus hynny'n rhy ofnog i sefyll dros y gwirionedd. Pisgah eto. Nid enillais fotwm crys yno wedyn. Cynfelin, y d....l, oedd y pwyswr yno.

Yn sicr, fe gafodd Tydu gam mawr ym Mhisgah, gan fod y ddau englyn – ei un ef a'r un buddugol – ar glawr, a diau fod yna dipyn o gyfiawnhad dros ei ffyrnigrwydd tuag at y beirniad a'r bardd buddugol. Meddai am y bardd oedd wedi ei guro, 'Cywfardd twmpathog gafodd y tlws'. Ac am ei englyn, 'Gramadeg ddrylliog, synnwyr gwan, cynghanedd arw a tholciog'. Ac am y beirniad, sef Cynfelin, fe'i geilw yn 'groenfaw, moel, afluniaidd ac afrywiog nad oes ganddo gydwybod milgi'.

Nid oes angen dawn na dychymyg y cartwnydd cyn

gallu gweld y Diafol a'i gynffon fforchog yn sefyll wrth ysgwyddau'r sgrifenwyr uchod! Nid oes yn Uffern ddicter fel dicter y bardd a gollodd!

Mae beirdd yn greaduriaid croendenau iawn. Rhaid bod yn ofalus beth a ddywedwch amdanynt, yn enwedig wrth feirniadu eu gwaith, os bydd hwnnw'n digwydd bod yn anfuddugol. Oni chânt y wobr mewn cystadleuaeth yna mae'r beirniad yn sâl, yn dwp, yn anonest a rhagfarnllyd. Fel y dywedodd y Parch. Eirian Davies am y Draenog:

> Hen beth bach rhy bigog
> I wneud dim ag o.

Felly hefyd y bardd anfuddugol sy wedi cael cam. Rhaid gadael llonydd iddo, a'i gadw o hyd braich, nes daw'r steddfod nesa!

Dywedir am y diweddar Tom Davies, Horeb, ger Llandysul, ei fod gyda'r mwyaf doeth o feirniaid eisteddfodol, ac yn ofalus i beidio â thynnu nyth cacwn yr Awen am ei ben. Un tro, ac yntau'n beirniadu mewn eisteddfod ym Mwlch-y-groes, fe ddaeth i'w law yng nghystadleuaeth yr Englyn wyth o ymdrechion dan wahanol ffugenwau. Nid oedd rhithyn o gynghanedd yn yr un llinell o waith yr wyth ymgeisydd. 'Ond,' meddai'r Parchedig Tom Davies ar ei feirniadaeth, rhag codi gwrychyn neb, 'mae pob un o'r ymgeiswyr, chware teg, wedi llwyddo i roi'r strac [o flaen y cyrch] *yn y lle iawn*'.

Un peth arall ynglŷn â chystadlu a yrrai'r beirdd yn gacwn gwyllt oedd yr arfer cyffredin gan bwyllgorau eisteddfod i gadw'n ôl 'bris tocyn blaen-sedd oddiar bob enillydd absennol'. Y drefn oedd i'r beirdd anfon eu 'pethe' i fewn o dan ffugenwau, gan yrru'r enwau priodol mewn 'amlen dan sêl' at yr ysgrifennydd. Disgwyl wedyn, heb feddwl am fynychu'r eisteddfod, i'r postman gywain iddynt ffrwyth eu llafur awenyddol. Ond, gan nad oedd y beirdd hyn yn talu am 'fynd mewn', nac yn gwneud dim clywadwy na gweladwy i ddiddanu'r rhai a oedd wedi talu wrth y drws, arferai ysgrifenyddion a thrysoryddion eisteddfodau fod yn gyndyn iawn i yrru'r 'ysbail' trwy'r post. Ac fe fyddai'r cwerylon mwyaf chwerw'n codi. I nodi dim ond un enghraifft – roedd y bardd Gwilym Wyn wedi gyrru englyn i'r 'Llygoden' i eisteddfod Gwynfe, Sir Gâr, dan y ffugenw 'Y Cwrci Du'. Enillodd y gamp ac ymhen dyddiau fe ddaeth y wobr drwy'r post, a phris 'tocyn blaen-sedd' wedi ei gadw'n ôl. Yn ei ffyrnigrwydd gyrrodd y bardd y pennill hwn i'r Pwyllgor gyda throad y Post:

> Fe ddaeth yr hen Lygoden
> O'r Gwynfe'n ddigon twt;
> A phisyn mawr, uffernol
> Yn eisie o flaen ei chwt.
> A'r 'Cwrci Du' pan welodd,
> 'Fath olwg ar 'rhen chwa'r,
> A rinciodd dan ei ddannedd,
> 'Go damio, bois Shir Gâr!'

Ac os oedd pobl Shir Gâr yn ymddwyn felly, beth am y Cardis?

Adroddir stori am Isfoel yn gyrru englyn i eisteddfod Pont-hirwaun rywdro. Aeth yn agos i bythefnos heibio heb iddo glywed dim. Yna gwelodd yn y *Tivy Side* ei fod ef wedi ennill. Anfonodd lythyr swta at yr Ysgrifennydd yn gofyn iddo pam na fuasai wedi gyrru iddo'r wobr ariannol? Fel roedd hi'n digwydd, roedd yr ysgrifennydd yn adnabod ei 'aderyn' a digwyddodd peth digri iawn. Fel roedd y drefn yn bod y flwyddyn honno, nid oedd y wobr am yr englyn ond hanner coron, a thocyn blaen-sedd yn dri swllt. Derbyniodd Isfoel lythyr cwrtais iawn, yn egluro hyn iddo, ac yn gofyn iddo yrru iddo ef, yr ysgrifennydd, y swm o wyth geiniog, a oedd yn ddyledus oddi wrth y bardd i'r eisteddfod – sef chwe cheiniog at yr hanner coron a enillasai, i dalu am docyn blaen-sedd, ynghyd â dwy geiniog i dalu am y stamp ar lythyr yr ysgrifennydd!

Nid yn hawdd y câi neb y gorau ar Fechgyn y Cilie, ond dyna unwaith y cyfaddefodd Isfoel iddo gael ei guro!

Alun Cilie

Ni allaf i beidio â sôn am y gŵr mawr hwn. Roedd yn gyfaill mynwesol i mi, a chefais y fraint o dreulio llawer o amser difyr yn ei gwmni. Byddem yn mynd bob blwyddyn i'r Eisteddfod Genedlaethol gyda'n gilydd gan rannu stafell, a rhannu'r un gwely fynychaf, mewn gwestai yn ystod ein harhosiad yn yr Ŵyl.

Yr unig anhawster oedd ei fod yn chwyrnwr o'r radd flaenaf, a hynny'n fy nghadw i'n effro lawer gwaith. Un tro, roedd e'n waeth nag arfer ac yn chwyrnu mor uchel nes deffro'i hunan, a hynny'n rhoi tipyn o dawelwch am ysbaid.

Yn y bore'r tro hwnnw, pan aethom ni'n dau i lawr i frecwast, ac yntau'n disgwyl pryd o dafod gen i, dyma fe'n achub y blaen arnaf. 'Fachgen,' medde fe, 'ych chi, Llew, yn chwyrnwr! Ddihunes i yn ystod y nos ac roeddech chi'n chwyrnu mor ofnadwy o'ch chi'n tynnu'r cyrtens mewn i ganol y stafell.'

Un fel'na oedd e – tynnwr coes heb ei ail.

Cofio wedyn am y prynhawn o haf hwnnw a Waldo'n darlithio i ni o ben yr odyn yng Nghwmtydu. Roedd rhyw Sais newydd brynu'r tŷ yn ymyl yr odyn ac roedd wedi credu ei fod trwy hynny wedi dod yn berchen ar yr odyn a'r tir o'i chwmpas.

Yn fuan ar ôl i Waldo ddechrau siarad, dyma'r Sais yn dod i ddweud wrthym ein bod yn tresmasu. Chymerodd neb fawr o sylw ohono. Dychwelodd i'r tŷ wedyn a dod yn ôl â pheiriant torri porfa gydag e, a dechrau defnyddio hwnnw ar ben yr odyn a tharfu tipyn ar y ddarlith.

Roedd Alun Cilie'n eistedd yn ymyl llwyn sylweddol o eithin, ac wrth danio sigarét fe roddodd fatsien i'r llwyn. Fe fflamiodd hwnnw dros y lle i gyd. Roeddwn i yn ymyl y Sais a chredais am funud ei fod yn mynd i 'nharo i â'i ddwrn. Ond yr hyn a wnaeth yn y diwedd oedd brasgamu

Gwrando ar ddarlith Waldo ar yr Odyn Galch yng Nghwmtydu
– fi, Alun Cilie, Edwin Jones a Dic Jones.

i lawr o ben yr odyn ac ni welwyd cip ohono wedyn. Aeth
y ddarlith yn ei blaen yn dangnefeddus a diffoddodd y tân
eithin yn fuan iawn.

Yn ddiweddarach, fe fu rhai ohonom, gyda chymorth y
Cyngor Plwy lleol, yn gofalu na fyddai'r un ymhonnwr yn
medru hawlio'r odyn na'r tir o'i chwmpas byth eto. Ond
cael a chael fu hi.

Alun oedd yr unig un o'r plant a dreuliodd ei oes, hyd
oed ymddeol, yn y Cilie. Aeth y lleill o un i un i'w ffyrdd
eu hunain a gadael yr hen gartre. Ef, y cyw melyn olaf, a
arhosodd. Ac yn ystod ei flynyddoedd yn y Cilie, fe
welodd newid mawr iawn. Fe welodd y cryman a'r bladur
yn gorfod ildio i'r beinder a'r *combine harvester*. Fe welodd
golli'r Fedel a'r dyddiau pan fyddai meysydd y cynhaeaf
yn llawn pobl ac yn llawn hwyl, ac yn waeth na'r cyfan fe
welodd y gymdeithas glòs oedd yn bodoli yn y bythynnod
islaw'r Cilie, yng Nghwmtydu, yn mynd ar chwâl a'r tai'n

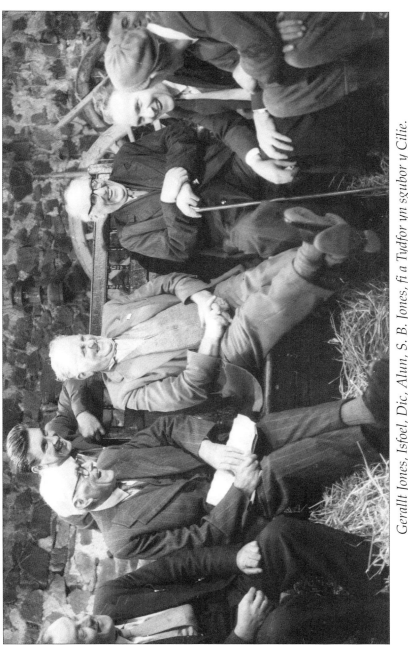

Gerallt Jones, Isfoel, Dic, Alun, S. B. Jones, fi a Tydfor yn sgubor y Cilie.

mynd yn adfeilion. Fe welodd hen ffordd o fyw'n diflannu am byth. Ac fe effeithiodd diflastod y peth yma'n drwm iawn ar farddoniaeth Alun. Er mai dyn llawen, hwyliog oedd e, roedd 'i hiraeth e am yr hen gymdeithas a'r hen ffordd o fyw yn dod i'r golwg o hyd yn 'i farddoniaeth e. Medde fe am 'Hen Fwthyn Deio'r Crydd' (i lawr yn y cwm, a man cyfarfod difyr gynt):

> Ni ddaw neb yn hedd y nos
> I'w unigedd yn agos.

A meddai am y ffermio modern:

> Rhyfyg lle bu arafwch
> A fflîd o beiriannau fflwch,
> Byrniwr ar stâd y bladur
> Combein lle bu'r camu byr.

Ond mae'n cyfleu'r chwithdod mawr a deimlodd oherwydd yr holl newid a welodd yn fwy byw yn ei soned orchestol 'Sgrap' sydd, yn sicr, yn un o sonedau gorau'r iaith Cymraeg.

> Bu casglu relics doe o bob rhyw fan
> Yn ddolur llygaid drwy'r prynhawn i mi;
> Hen geriach nad oedd iddynt mwyach ran
> Na lle'n hwsmonaeth ein hoes fodern ni;
> Allan o'r stabl a'r cartws aeth y cwbl –
> Y certi cist, y gambo fach a'r trap,
> Erydr ceffylau o'r ffald, ungwys a dwbl,
> Yn bendramwnwgl ar y domen sgrap.
>
> Ond er i'r bois gael hwyl yn eu crynhoi
> Wrth gwt y tractor mor ddi-ots o chwim,
> Ac i minnau daro'r fargen heb din-droi
> Na hocan am y nesaf peth i ddim –
> Aeth rhywbeth mwy na sgrap drwy iet y clos,
> Ar lori Mosi Worrell am y rhos.

Hen sipsi oedd Mosi Worrell, a'r 'rhywbeth mwy' a aeth drwy iet y clos, wrth gwrs, oedd yr hen ffordd o fyw.

Ond fel y dywedais, gŵr llawen oedd Alun – yn storïwr ac yn dipyn o gyfarwydd, ac fel y cyfarwyddiaid i gyd, yn tueddu i 'ymestyn' tipyn wrth adrodd ei storïau. Byddai'n sôn weithiau am y cesair anferth oedd wedi disgyn ar glos y Cilie mewn rhyw gyfnod pell yn ôl. Pe gofynnid iddo faint oedd maint y cesair, ei ateb ystyriol oedd, 'Seis platie cinio cyffredin'. Ninnau'n meddwl pe baen nhw'r maint hwnnw byddent wedi dryllio to a ffenestri'r Cilie yn yfflon. Ond chymerai neb y byd am ddweud hynny wrtho.

Pan fyddai rhyw laslanciau'n gwrando arno, byddai'n siŵr o adrodd yr hanes amdano, yn ifanc, yn cysgu ar lofft y storws uwchben y ceffylau. Wedi sôn fod bywyd yn galed yn y dyddiau hynny, byddai'n dweud, 'Wyddech chi, down i byth yn gorfod torri ewinedd 'y nhra'd y dyddie hynny. Roedd y llygod mowr yn dod yn y nos a'u byta nhw!'

Ond fe fyddai yn ei afiaith wrth sôn am gampau Moss, ci defaid a fu unwaith yn ffefryn mawr ganddo. Fe glywsom i gyd am Lassie'r ci defaid anhygoel yn y ffilmiau, wrth gwrs, ond a barnu oddi wrth y gorchestion a gyflawnai Moss (yn ôl Alun), nid oedd hwnnw'n ddim ond ci bach digon cyffredin.

Rywle rhwng 1927 a 1939 oedd blynyddoedd teyrnasiad y ci ar ffarm y Cilie. Fe nodir dyddiad ei farw yn *Cerddi Alun Cilie*, tudalen 22, uwchben y cywydd coffa a luniodd ei feistr iddo – mewn hiraeth dwys am ei gwmni a'i wasanaeth. Y dyddiad hwnnw yw Ionawr 24, 1939.

Nid marw'n naturiol a wnaeth Moss, ond cael ei foddi yn y llyn ar orchymyn ei feistr. Na, nid creulondeb mo hynny chwaith – ond cymwynas. Yn ei henaint roedd y ci ffyddlon, a oedd wedi bod mor ddeallus a chwim, wedi mynd yn fusgrell, yn ddall, yn fyddar, ac yn y diwedd eitha, roedd e wedi colli'r rhan fwyaf o'i ddannedd. Aeth ei weld yn ymlusgo o gwmpas y clos yn ddolur llygaid i Alun, ac ar Ionawr 24 fe roddodd orchymyn i'r gwas, Jâms Morgan, i ddwyn ei boen a'i flinder i ben trwy ei foddi yn y llyn ar waelod y clos. Wedyn, yn ôl tystiolaeth y gŵr a gyflawnodd yr *euthanasia*, fe aeth y bardd i ffwrdd am y dydd i rywle, rhag ofn y byddai'n newid ei feddwl ar y funud ola ac yn gwrthod rhyddhau ei hen gyfaill o'i gystudd. Daeth adre'n hwyr y noson honno, ac wedi clywed fod y weithred wedi ei chyflawni, fe fu'n dawedog iawn drwy'r nos. Mae'n dra thebyg iddo gychwyn ar y cywydd coffa y noson honno.

> Mor anodd a fu boddi
> Ffrind addas a gwas o gi;
> A rhoi heddiw o'r diwedd
> Yr hen Foss druan i fedd.

Nid yw hwn yn un o gywyddau gorau Alun Cilie. Mae'n foel a diaddurn iawn, fel petai'r bardd yn fwriadol wedi osgoi holl driciau'r gelfyddyd o farddoni – rhyw gymariaethau syfrdanol er enghraifft – er mwyn cyfleu yn syml ac yn onest ei hiraeth am hen gyfaill oedd wedi bod yn rhan annatod o fywyd yn y Cilie am dros ddeng mlynedd. Roedd colli Moss yn rhy agos at ei galon iddo allu defnyddio'i ddychymyg cyfoethog wrth lunio cywydd coffa iddo. Mwy gweddus oedd 'dweud' yn syml am ei orchestion a'i wasanaeth hir.

> Gwas i bawb a'i goesau byw,
> Y didwyll mwy nid ydyw.

Fe ganodd Isfoel, ei frawd, gywydd coffa i Moss hefyd – yn cychwyn fel hyn:

> Boddi Moss! Oes bedd i mi?

A dyna ni'n ôl gyda'r canu marwnad traddodiadol. Ond roedd hiraeth Alun am Moss yn rhywbeth mor real a diffuant fel na wnâi eithafiaeth fel'na mo'r tro. Bodlonodd ar restru rhinweddau'r ci. Roedd e . . .

O'r buarth yn creu bywyd,
Ufuddhau o'i fodd o hyd . . .

Diaros oedd yn dirwyn,
Draw am y defaid a'r ŵyn.

Roedd e'n ufudd ac yn gampwr gyda'r defaid. Ond roedd e hefyd yn . . . 'garwr heb ei guro'. Ac fel Saul a Jonathan mewn marwnad anfarwol arall . . . ('Oddi wrth waed y lladdedigion, oddi wrth fraster y cedyrn, ni throdd bwa Jonathan yn ôl, a chleddyf Saul ni ddychwelodd yn wag') – felly hefyd Moss:

Peryglus a hysbys oedd
Ym maes yr ysgarmesoedd.

Cysur i'r bardd yn niwedd y cywydd yw ei fod yn gallu gweld o hyd . . . 'Ei frid hyd ffermydd y fro' (yn brawf iddo ennill y rhan fwyaf o'i frwydrau carwriaethol!).

Mae diffuantrwydd yr hiraeth yn nau gwpled olaf y cywydd yn ddigon i ddwyn deigryn i lygaid unrhyw un sy'n caru anifeiliaid:

Unig yw'r Cilie heno,
Mae'n wag heb ei gwmni o;
Wedi cael cydrodio cyd,
Nos da, yr hen was diwyd!

Cefais i, a nifer o'i gyfeillion agosaf, y fraint o wrando lawer gwaith drosodd ar Alun yn adrodd am orchestion Moss. Roedd hi'n saga fawr a'r cyfarwydd yn feistr ar ei waith. Dyna'r gainc honno o'r saga oedd yn sôn am y tro hwnnw pan ddaeth eira mawr yn ystod oriau'r nos a chuddio'r wlad i gyd dan luwchfeydd anferth. Roedd defaid y Cilie i gyd ar goll dan y 'garthen wen'. Alun a Moss yn mynd allan i'r caeau wedyn, gyda thrafferth mawr. Dim dafad i'w gweld yn unman. Ond buan y gwelodd Alun fod y ci'n sefyll ar ben un lluwch mawr ac yn gwyro'i ben a chwyno'n isel. Symud y pentyrrau eira wedyn a dod o hyd i'r defaid yn fyw. Cyn bo hir roedd Moss wedi dod o hyd i bob un ac wedi arbed colled fawr i'w feistr. Pa reddf, pa 'wybod', oedd gan y ci i'w arwain at y defaid? Ai clywed curiad eu calonnau a wnâi ei glust main? Ynteu eu harogli o dan y lluwch a wnâi?

Dyna'r tro hwnnw wedyn pan oedd Alun a'r ci yn hebrwng deg o ddefaid tua'r farchnad yn Llandysul ar hyd y ffordd fawr. Yn sydyn fe welodd y defaid lôn gul oedd yn arwain i ryw rostir eithinog ac, wrth gwrs, dyma nhw'n dianc y ffordd honno cyn i Moss nac Alun gael cyfle i'w rhwystro. Pan ddaeth Alun at y lôn roedd y defaid wedi diflannu. 'Cer i mo'yn nhw!' meddai wrth Moss. I ffwrdd â hwnnw ar unwaith. Aeth amser heibio a dim sôn am Moss yn dychwelyd. Ond o'r diwedd fe ddaeth gan yrru naw dafad o'i flaen. Ond roedd un ar goll o hyd. Wedyn, yn ôl y cyfarwydd, fe fu'r meistr a'r ci'n edrych ar ei gilydd am dipyn. O'r diwedd dyma Alun yn dweud, 'Mae un ar goll gyda ti'. Edrych i lygaid ei gilydd wedyn am sbel. 'Cer i mo'yn hi!' meddai Alun gan godi ei lais.

Dyma'r ci'n mynd. Bu i ffwrdd am amser hir, ond o'r diwedd dyma fe'n dod i lawr y lôn gan yrru un ddafad anfodlon o'i flaen. Do, fe ddaeth y ci â dafad, ond doedd Alun 'ddim yn siŵr hyd y dydd heddi dafad pwy oedd hi!'

Wrth gwrs, rhaid cofio fod 'mestyn', neu orliwio rhyw fymryn lleiaf, yn rhan o grefft y Cyfarwydd erioed.

Os byddai rhyw siarad am hela neu saethu'n codi yn ystod sgwrs, byddai'r gainc yn ymwneud â Seimon, ei frawd, a Moss yn cael sylw. Yn ôl Alun, Seimon oedd y saethwr mwyaf anghelfydd yn Sir Aberteifi os nad yng Nghymru. Pan ddeuai Seimon ar dro i Gilie a'r awydd yn codi arno i fynd allan i hela tipyn, byddai Moss yn cael mynd gydag ef, i'w dywys ar hyd llwybrau cyflawnder. Yr hyn fyddai'n digwydd wedyn oedd hyn – fe fyddai Moss yn codi cwningen neu sgwarnog ac yn mynd fel Jehu ar ei hôl. Byddai Seimon yn codi ei wn a thanio. Ond disgynnai'r plwm, yn ddieithriad bron, yn ôl Alun, nid yng nghorff y gota – ond ym mhart ôl Moss!

Arferai'r gainc yma orffen gyda'r geiriau, 'Roedd Moss yn dod adre bob amser â'i dîn yn goncrit o siots; ond fe fydde'n mynd gyda Seimon trannoeth wedyn.'

Ond efallai mai'r stori ryfeddaf am Moss oedd hon.

Un diwrnod, roedd Alun yn mynd gyda cheffyl a chart ar ei ffordd i Felin Synod i mofyn mâl o'r felin. Roedd Moss yn dilyn o hirbell pan ddaeth car swanc iawn heibio i'r tro a mynd dros ben Moss. Stopiodd y gyrrwr ar unwaith a dweud wrth Alun ei bod yn ddrwg ganddo iddo daro'r ci. Tra bu Alun a'r gyrrwr yn siarad fe gododd Moss ar ei draed a mynd ymlaen at y car swanc, codi ei goes a dyfrhau'n helaeth ar draws panelau gloyw'r cerbyd!

Drwy garedigrwydd ei fab, Dylan, fe gefais gyfle i fynd trwy 'bapurau' Alun yn union ar ôl ei farw. Yn eu mysg roedd un darn aflêr o bapur ac arno'r ychydig eiriau hyn wedi eu sgriblan, yn frysiog gallwn feddwl, gan y bardd. Mae e'n disgrifio'r noson y daeth Moss i Gilie:

Rwy'n cofio fel tae hi nawr y noson honno y daeth i'r lle 'ma, yn bwlffyn bach perta welsoch chi erioed, bron yn rhy dew i gael 'i anadl heb sôn am falansio'i hunan wrth dreio cerdded. Ac rown i'n meddwl rhyngwy' i a fi'n hunan, 'Wel dyma beth yw posi bach pen seld!'

Ond fel roedd e'n prifio a chartrefu a dechre dod yn gyfarwydd â'r lle, fe fu rhaid i fi newid fy marn ynglŷn ag e, ac fel hyn y digwyddodd hi.

Yr oedd y gwas a finne wrth rhyw orchwyl neu'i gilydd o gylch y clos, pan dynnwyd fy sylw ato yn hel yr ieir i gyd at ei gilydd ar y domen ac yn cael hwyl rhyfeddol arni!

Ac fe ddaeth geiriau fy nghyfaill a'i rhoes i mi – ar ôl ei dynnu allan o'r sach – yn fyw i go'. 'Dyma fe i ti, gan obeithio y bydd lwc iddo. Os bydd e chwarter cystal yn 'i waith â'i fam, fe fydd yn werth y byd. Ond am 'i dad, dwy'i ddim yn siŵr iawn o hwnnw, ond fe ddwedwn i, yn ôl 'i gewc e, taw Bwler yr Hendre yw hwnnw, a gobeithio fod hynny'n wir . . .

Dyna'r cyfan. Yn amlwg roedd Alun wedi bwriadu sgrifennu rhagor o hanes Moss, ond nid yw'n ymddangos iddo fynd ymhellach na hynna.

Rhaid bod degau o gŵn defaid wedi bod yn y Cilie yn ystod y deg a thrigain a rhagor o flynyddoedd y bu Alun yn byw yno. Ond Moss yn unig a gofiai, a blynyddoedd teyrnasiad Moss yn y Cilie oedd rhai o'r blynyddoedd dedwyddaf oll ym mywyd y bardd, ddwedwn i. Ac os oes lle ym Mharadwys i ambell hen gi defaid 'wedi oes galed o waith' (ac fe ddylai fod), rwy'n siŵr na ddymunai Alun un cyfarch gwell na chyfarthiad croesawgar Moss wrth borth y Gwynfyd.

Beth bynnag, fe fydd Alun a Moss fyw am byth yng nghof y cyfeillion a gafodd y fraint o wrando ar y bardd-gyfarwydd yn ei hwyliau gorau; a lle bynnag y bydd y cyfeillion hynny'n cwrdd yn y dyfodol am sgwrs gyda'r nos, fe fydd enwau'r ddau

Yn rhwym wrth lawer rhamant.

Pan fu Alun farw, roeddwn i, a'i gyfeillion eraill, yn awyddus iawn i gael y fraint o lunio'r cwpled neu'r englyn i'w roi ar ei garreg fedd. Ond o'r diwedd, ar ôl trafod ymysg ein gilydd, fe benderfynwyd mai'r geiriau mwyaf addas i'w rhoi ar y garreg oedd y cwpled a luniodd ef ei hun i'r ci Moss:

Unig yw'r Cilie heno,
Mae'n wag heb ei gwmni o.

A dyna'r cwpled a gerfiwyd ar y garreg fedd i goffáu yr olaf un o deulu'r Cilie, ym mynwent Capel y Wig.

Alun Cilie.

117

Cofio Alun

O ddiwedd dawn, o ddydd du,
Rhoi Alun i'w hir wely!
Gwae rhoi i lawr i'r garw lwch
Gawr afiaith a digrifwch,
A gwae ym Mawrth gau ym medd
Athrylith o'i hir waeledd;
Colli'r hwyl a'r cellwair iach,
Pallodd ffraethineb bellach!

Waldo

Roedd Waldo yn ei ganol oed pan ddeuthum i'w adnabod. Felly nid oes gennyf i, fel rhai o'i gyfeillion, ddim atgofion personol ohono yn ei flynyddoedd cynnar. Ond o bryd i'w gilydd, wrth dân y stafell ffrynt yn Nhŷ'r Ysgol, Coed-y-bryn, rwy'n meddwl iddo adrodd wrthyf holl hanes ei fywyd.

Cofiaf iddo ddweud wrthyf ei fod wedi dechrau barddoni – yn Saesneg – pan oedd yn ifanc iawn. Byddai ef a'i chwaer, Morfudd (honno a fu farw yn 13 oed, ac a goffeir yn y gân 'Geneth Ifanc' yn *Dail Pren*), yn llunio penillion – ugeiniau ohonynt – am hwyl! Byddent yn gweithio ar y cyd yn aml, a byddai'r ddau yn cael pyliau o chwerthin os llwyddent i wneud pennill ag ergyd go ddigri ynddo. Byddent yn rhoi'r penillion i gyd mewn copi-bwc a chael hwyl wrth eu hadrodd wrth eu rhieni a'u ffrindiau. Ond roedd un ewyrth iddyn nhw, Wncwl Gwilamus, yn amau a oedd y plant yn gallu gwneud cystal penillion. I roi prawf ar eu gallu, gofynnodd iddyn nhw wneud pennill i'r basn cawl a oedd yn digwydd bod ar y bwrdd. Fe lwyddodd y ddau i lunio pennill mewn winc, a thrwy hynny roi taw ar amheuon Wncwl Gwilamus. Dyma fe:

> *The basin stands on the table,*
> *Beneath it lies the cloth*
> *And well is the basin able*
> *To hold a basinful of broth.*

Nid oes yr un arall o'r penillion cynnar hyn ar fy nghof yn awr, ond cofiaf i Waldo ddweud fod ei chwaer yn fwy medrus nag ef yn eu llunio!

Yn ei hwyliau gorau nid oedd difyrrach cwmnïwr na Waldo yn y byd, a gallai ddiddanu cwmni o eneidiau hoff cytûn am oriau â rheffyn diddiwedd o storïau am hen gymeriadau annibynnol a hynod a adnabu. Roedd rhyw odrwydd neu ryw wahanolrwydd fel yna mewn pobl yn apelio'n fawr at Waldo. Un stori am gymeriad felly a adroddai oedd honno am y pregethwr cynorthwyol hwnnw – a alwyd un Sul i bregethu mewn dwy eglwys, rhyw dair milltir oddi wrth ei gilydd. Wedi pregethu yn y gyntaf yn y bore, ni roddodd neb wahoddiad iddo i ginio, a bu raid iddo ymlwybro i'r eglwys arall y prynhawn, pregethu yno, a dychwelyd adre heb damaid o fwyd ers amser brecwast! Pan gyrhaeddodd ei gartre dywedodd wrth ei wraig na fyddai byth yn derbyn galwad i bregethu yn yr eglwysi hynny wedyn. Ond pan ddaeth galwad arall o'r un man, methodd â chadw at ei air – a dyma fe'n mynd! Ond y tro hwn gofalodd fynd â bwyd gydag ef mewn macyn coch. A chyn dechre pregethu yn yr eglwys gyntaf, dyma fe'n hongian y cadach coch ar fraced y lamp wrth ben y pulpud, a phob tro roedd am bwysleisio rhyw wirionedd yn ei bregeth, dywedai, gan bwyntio at y cadach coch bob tro, '*And that's as true, brothers and sisters, as my lunch is in that pocket handkerchief!*'

Roedd rhai o storïau Waldo yn ymwneud â'i deithiau yn Iwerddon. Rwy'n meddwl, yn wir, fod Iwerddon yn rhyw fath o Ynys Afallon iddo – yn ddihangfa pan fyddai bywyd yng Nghymru wedi ei frifo neu ei siomi. Fe giliai i Iwerddon am adnewyddiad ysbryd. Yno fe gâi rodio daear cenedl rydd, a honno'n genedl Geltaidd fel ei genedl ef ei hun. Ac am ei bod hi'n ynys ym môr y gorllewin, roedd Iwerddon wedi cadw mwy o'i nodweddion cenedlaethol, ac fe allai Waldo ymdeimlo, ac ymglywed, â'i hen hanes a'i chwedloniaeth gyfoethog, wrth deithio drwyddi ar gefn ei feic. Clywais ef yn dweud iddo eistedd oriau wrtho'i hunan ar y bryn a elwir *The Hill of Tara* – hen gartref Uchel Frenhinoedd Tara – yn myfyrio am hen orffennol y genedl Wyddelig, a bron, meddai ef, na allai weld yr hen ogoniant yn ymrithio o flaen ei lygaid wrth eistedd yno.

Ac yn Iwerddon, wrth gwrs, fe ddôi ar draws yr hynodrwydd neu'r *gwahanolrwydd* yma y soniais amdano, bron ble bynnag yr elai. Un noson, pan oedd ef yn teithio ar ei feic yng ngorllewin yr ynys, a hithau wedi mynd braidd yn hwyr, fe alwodd mewn siop yn rhyw bentre bach i brynu lamp beic. Roedd wedi trefnu cyrraedd cartref rhyw ffrindiau iddo y noson honno, ond ofnai y byddai hi wedi mynd yn dywyll ac yn hwyr cyn iddo wneud hynny.

Roedd y siopwr yn y pentre bach yn serchog, a chyn bo hir roedd y ddau'n cael sgwrs ddifyr a diddorol. Ymhen rhyw awr! – dyma Waldo'n gofyn iddo a oedd ganddo lamp beic i'w gwerthu. Dywedodd y siopwr fod ganddo lamp. Dywedodd Waldo fod arno awydd prynu un gan fod taith bell o'i flaen y noson honno. Ond dywedodd y siopwr nad oedd angen lamp arno. Hawliai nad oedd hi'n mynd yn nos o gwbwl yn y rhan honno o orllewin Iwerddon yr amser hwnnw o'r flwyddyn – sef canol haf. Ond daliodd Waldo at ei fater a dweud ei fod am brynu'r lamp, ond nid oedd dim yn tycio – roedd y siopwr wedi penderfynu nad oedd arno mo'i heisiau! Wedyn dyma Waldo yn ei atgoffa mai siopwr oedd, ac mai ei ddyletswydd oedd gwerthu lamp iddo os oedd yn dewis prynu un. Ond mynnodd y siopwr mai ei ddyletswydd ef fel cyfaill a Christion oedd peidio â gwerthu iddo rywbeth nad oedd arno mo'i angen. Y diwedd fu i Waldo orfod ymadael heb ei lamp!

Y tro cyntaf y bu Waldo yn Iwerddon, dywedodd wrthyf iddo orfod teithio 'mhell cyn y gallodd glywed y Wyddeleg yn cael ei siarad yn rhugl ac yn naturiol gan bobl wrth eu gwaith bob dydd. Roedd hyn yn siom fawr iddo. Ond un noson fe gyrhaeddodd bentre bach yn y gorllewin eithaf. Er ei bod yn hwyr iawn, fe lwyddodd i gael llety mewn gwesty digon tlawd yn y pentre. Pan ddihunodd fore trannoeth roedd yr haul yn disgleirio i mewn trwy ffenest agored ei ystafell wely. Gallai glywed sŵn plant yn chware yn rhywle. Yn fuan sylweddolodd eu bod yn siarad iaith ddieithr! Cododd a mynd i'r ffenestr. Ar y ffordd tu allan roedd rhyw bump neu chwech o blant tlawd, troednoeth yn chware 'i chalon ac yn chwerthin, ac yn cyfarch ei gilydd mewn Gwyddeleg, yn y ffordd fwyaf naturiol yn y byd. A'r foment honno, meddai Waldo, fe ddaeth llinell o gynghanedd i'w ben . . . 'Y plant troednoeth cyfoethog'.

Dywedodd wrthyf iddo geisio droeon lunio cymhares i'r llinell i wneud cwpled, ond iddo fethu.

Ar ôl iddo adrodd yr hanesyn wrthyf ryw noson, fe syrthiodd ysbaid hir o ddistawrwydd rhyngom (fel a ddigwyddai'n aml), ac yn ystod y distawrwydd hwnnw dyma fi (a oedd yn Meuryna llawer yn y dyddiau hynny) – yn ceisio gorffen y cwpled. Ymhen tipyn dyma fi'n gofyn i Waldo, 'Beth amdani fel hyn –'

> Y plant troednoeth cyfoethog
> Yn trin hen iaith Tir na n Og.

Ond ni chefais unrhyw gymeradwyaeth ganddo am linell a oedd, yn fy marn i, yn haeddu pedwar marc!

Pan ailgydiodd Waldo yn ei swydd fel athro ysgol gynradd, fe ddychwelodd at y gwaith – efallai yr unig waith – yr oedd ef wedi ei eni ato. Rwy'n credu ei fod yn athro eneiniedig ar blant bach ; 'roedd e'n eu deall ac yn eu caru â chariad mawr iawn. Roeddent hwythau'n reddfol yn ei garu ef. Dywed y Chwaer Bosco (Prifathrawes Ysgol Yr Enw Santaidd, Abergwaun), amdano fel hyn mewn erthygl werthfawr yn *Y Traethodydd* – 'Cyrhaeddai Waldo'r ysgol bob dydd â thwr o blant o'i gwmpas – tri neu bedwar ohonynt bob ochr iddo wedi llwyddo i gael gafael yn ei ddwylo a'i lewysau; a phob un wrth ei fodd. Pan ymddangosai Waldo yn yr ystafell ddosbarth [ei waith oedd mynd o un dosbarth i'r llall i ddysgu Cymraeg fel ail iaith] – byddai gorfoledd mawr, ac anodd iawn oedd cadw'r plant bach yn eu lle gan mor awyddus oeddynt i weld pa ryfeddod newydd a oedd ganddo ar eu cyfer.' A dywed y Chwaer Bosco ymhellach amdano ynghanol miri parti Nadolig y plant – ef oedd y ffefryn mawr – 'Roedd e'n olau gan lawenydd ar yr adegau hyn'.

Ond roedd Waldo wedi dychwelyd i'r ysgol gynradd yn yr oed pan fo athrawon eraill yn meddwl am ymddeol, ac fe fu'r straen arno'n fawr. Hefyd, roedd y gwaith a roddwyd iddo – sef dysgu Cymraeg fel ail iaith – y gwaith mwyaf anodd posibl. Ond fe'i taflodd ei hun iddo gydag

Llwyd Williams, fi, Sam Jones a Waldo.

egni rhyfeddol. Dyfeisiai bob math o ddulliau a chyfarpar ar gyfer ei wersi. Ni fynnai ef mo'r dulliau a'r cyfarpar cydnabyddedig. Ac fe fu ei lwyddiant yn fawr. Yn y cyfnod yma fe gafodd gynnig mynd i ysgol uwchradd i ddysgu plant y chweched dosbarth. Fe'i gwrthododd am ei fod yn barnu fod ei waith yn ysgol yr Enw Santaidd yn bwysicach! Cystal i mi gyfaddef i mi ei gymell i newid ei feddwl, gan feddwl am y cyfraniad gwerthfawr y gallai ei wneud gyda Chymry ifainc y chweched dosbarth. Erbyn heddiw – ar ôl darllen llith y Chwaer Bosco – rwy'n gweld mai ef oedd yn iawn, oherwydd yn ysgol yr Enw Santaidd fe ddygodd ei lafur ffrwyth ar ei ganfed.

Yn y cyfnod yma y daeth e aton ni yn Nhalgarreg i gynnal dosbarth. Roedd rhyfel yn beth atgas gan Waldo – roedd e'n poeni am ryfel Korea, ac yn teimlo fod rhaid iddo fe wrthdystio drwy wrthod talu'r dreth:

> Pa werth na thry yn wawd
> Pan laddo dyn ei frawd?

A dyna gwpled mawr yw hwnna. Ar y dechrau fe aeth dynion y Dreth Incwm â chymaint o arian ag oedd gydag e yn y banc, a medde fe:

> Gan Barcle fe'm dilewyd – wy'n bwnc llosg
>   Yn y Banc Llwyd.

Gwneud sbort am ben ei helynt fel yna y byddai Waldo.

Fel darlithydd roedd e'n ddyn rhyfedd iawn. Roedd e weithiau'n cael hwyl ysgubol arni – bryd arall dim hwyl o gwbwl. Ambell waith fe fyddai'n siarad yn rhy gyflym a'r cwbwl yn dod yn fwrlwm mas o'i enau fe fel Bob Owen Croesor; bryd arall wedyn roedd seibiannau mawr, a dim byd yn digwydd. Mae gyda fi gof amdano fe yn Nhalgarreg yn darlithio lawr i'r bwced glo am tuag ugain munud. Pan fyddai yn cael hwyl arni fe fyddai'n cerdded oboitu'r lle a, wyddoch chi, roedd e'n ogoneddus yn ei uchelfannau.

Roedd Waldo'n dweud wrtha i ar y ffordd adre ambell waith, 'On'd oeddwn i'n ofnadwy heno? On'd oes bai arna i? A wyt ti'n meddwl y ca' i faddeuant os bydda i wedi paratoi'n well erbyn tro nesaf?' Ond fe allwn i fod wedi dweud wrtho fe y gallai fod wedi dod a dweud dim ond 'carreg a thwll' – byddai'r cwbwl yn iawn yn y dosbarth yn Nhalgarreg oherwydd roedden ni'n ei garu fe. Dyna'r gwir, doedd dim ots beth ddwede fe.

Roedd e'n mynd i golli'n llwyr ambell waith gydag ambell bwnc, ac fe ddigwyddodd hynny unwaith pan oedd e ar ben yr odyn yng Nghwmtydu yn darlithio. Roedd e'n siarad am Lywarch Hen a'r hen ganu, a phan fyddai Waldo'n dechrau ar rheina roedd hi ar ben wedyn, roedd hi cystal â rhoi deinameit yn ei afael e. Oherwydd roedd e'n mynd i ryw ecstasi wrth drafod yr hen ganu.

Roedd e' lan ar ben yr odyn a ninnau'n gwrando arno fe, a dyma gawod drom o law yn dod – glaw taranau.

Roedd e'n mynd mlân a mlân. Roeddwn i'n digwydd bod yn weddol agos ato fe ac fe gydies i yn ei fraich e a dweud, 'Lawr i'r car' – a'i arwain e lawr i'r car wrth droed yr odyn, ac roedd e'n troi 'nôl bob hyn a hyn i ddweud rhywbeth am Lywarch Hen. Fe'i cafwyd e mewn i sedd flaen y car ac Isfoel yn y sedd arall – dros ei bedwar ugain, wag mawr. Roedd hi'n arllwys y glaw nawr, ond gyda bo fe mewn yn y car dyma fe'n agor y ffenest ac yn dechrau pregethu eto. Fuon ni fan 'na i gyd yn gwrando arno fe yn y glaw – nes ein bod ni'n wlyb at ein crwyn. Roedd e wedi anghofio'r cwbl am y glaw a phob peth. Mae'n anodd i chi gredu hynna, ond mae'n wir. Ac Isfoel gydag e yn y sedd ffrynt, yn fy nghar i – finnau tu fas a'r glaw yn mynd lawr fy ngwddwg i, ac Isfoel yn porthi, yn cael mwynhad dieflig yn y ffaith ein bod ni tu fas yn gwlychu!

Roedd gan Waldo fag brown ac yn hwnnw roedd ei nodiadau a'i byjamas a'i aser. Ond cyn iddo fe gael y bag brown roedd gydag e ryw gwdyn llwyd – roedd e'n galw hwnnw'n 'gwdyn fferet' ac roedd e'n cario ei bethau yn hwnnw. Roedd rasel gydag e, ac roedd e'n siafo'n lân. Pan ddaeth y *blades* newydd mas – *Wilkinson Sword* – roedden nhw'n brin iawn bryd hynny, ac roedd Waldo wedi cael un yn rhywle. Roedd e'n bragian ryw noswaith am hon – ond pan gafodd e fynd i'r carchar, y llawenydd mawr i Waldo oedd fod *Wilkinson Sword* i bob un fan 'ny!

Yn y cyfnod yma fe fyddai'n dod i'n tŷ ni yn weddol aml. Byddai'n ffonio ambell nos Wener gan ddweud, 'Wyt ti gartre?' (dros y penwythnos oedd e'n feddwl). Pan ddwedwn fy mod, fe ddwedai yntau – ''Rwy'n dod lan'. Wedyn byddai'n dod i dreulio'r penwythnos gyda ni. Byddai'n dod er mwyn cael trafod yr ysgol a'i waith gyda mi. Byddai'n trafod rhyw ddyfeisiau newydd ac ymateb y plant iddynt, byddai'n adrodd y storïau a adroddai wrth y plant wrthyf i – a'u hadrodd yn union yr un dull a modd ag yr adroddai hwy o flaen y dosbarth! Gallwn feddwl fod cael cyfle i sgwrsio fel hyn am ei waith yn yr ysgol yn rhoi rhyw ryddhad iddo. Oherwydd ei fod yn gweithio hyd eithaf ei allu gyda'r plant o hyd, fe âi'r cyfan weithiau yn dipyn o dreth ar ei nerfau. Cofiaf iddo gyrraedd ein tŷ ni rhyw noson a golwg flinedig iawn arno, a gallwn weld fod tipyn o dyndra nerfol arno. Dywedodd wrthyf ar ôl swper nad oedd wedi cysgu ers yn agos i bythefnos.

Aethom ein dau i eistedd wrth dân y stafell ffrynt, lle'r oedd fy ngwraig wedi cynnau tân braf ar ein cyfer. Yna dyma ni'n dechrau sgwrsio fel arfer. Fe gychwynnais i adrodd rhyw hanesyn wrtho, ond cyn i mi orffen sylweddolais nad oedd Waldo'n ymateb! Pan edrychais gwelais ei fod wedi syrthio i gysgu'n drwm ar hanner y sgwrs!

Y meddwl cyntaf a ddaeth imi oedd – rhaid mod i'n gwmnïwr anniddorol iawn, fod Waldo wedi mynd i gysgu a minnau'n siarad! Ond wedyn sylweddolais ei fod ef – wedi cyrraedd Tŷ'r Ysgol – wedi gallu ymlacio am y tro cyntaf ers wythnosau – ac wedi gallu cysgu! Fe gysgodd yn ei gadair am ddwy awr.

Dyna ychydig atgofion digon anhrefnus am ŵr y bu hi'n fraint amhrisiadwy i mi gael ei nabod.

Traddodi Darlith Goffa Waldo ar yr Odyn Galch yng Nghwmtydu.

Breuddwydion

Dwy i ddim yn ysbrydegwr a dwy i erioed wedi gweld ysbryd na dim byd fel'na, er mod i wedi clywed a darllen lawer gwaith am bobl wedi cael eu haflonyddu gan ysbrydion. Mae yna storïau di-ri am y Ladi Wen a'r Ladi Ddu yn perthyn i lawer ardal. Nid wyf erioed wedi rhoi llawer o goel ar y storïau hyn.

Ac eto . . . unwaith, flynyddoedd lawer yn ôl bellach, fe ddigwyddodd rhywbeth i mi sydd wedi aros yn anesboniadwy hyd y dydd heddiw. Dyma'r hanes.

Bore Sul y 29ain o Fai 1977 oedd hi. Rown i yn y gwely yn Nhŷ'r Ysgol Coed-y-bryn y bore hwnnw, ac rown i'n cysgu mlaen dipyn ar ôl bod ar ddihun yn gynharach yn y bore. Ac fe gefais i freuddwyd go ryfedd.

Rown i'n breuddwydio mod i ar y tarmac mewn rhyw faes awyr, ac rown i'n paratoi i ddringo'r grisiau i mewn i awyren oedd yn aros yn ymyl. Dyma fi'n dechrau dringo'r grisiau. Cyn imi gyrraedd pen y grisiau dyma fi'n clywed rhywun yn rhoi plwc i'm cot o'r tu ôl i dynnu fy sylw. Pan drois fy mhen gwelais ddyn yn sefyll ar y tarmac yn edrych i fyny arnaf. Ac rown i'n ei adnabod. Mr Dan Lyn James oedd e, darlithydd yn Adran Addysg Coleg y Brifysgol, Aberystwyth, ar y pryd hwnnw.

Yna fe ganodd cloch y ffôn yn ein tŷ ni, gan fy nihuno ar unwaith. Codais o'r gwely a rhuthro i ateb y ffôn. Pan godais y ffôn clywais lais. 'Dan Lyn James ydw i . . .'

Nawr, rwy'n un o'r rheini sy'n cadw dyddiadur ers blynyddoedd, a chan fod yr hyn a ddigwyddodd y bore Sul hwnnw yn 1977 mor rhyfedd, fe eisteddais i lawr, cyn ymolchi na gwisgo amdanaf na dim, i roi holl fanylion y digwyddiad yn fy nyddiadur, rhag ofn i mi anghofio dim.

Roedd e'n beth rhyfedd on'd oedd e? Rown i'n cysgu ac yn breuddwydio fod dyn o'r enw Dan Lyn James wedi tynnu fy sylw trwy roi plwc i'm cot o'r tu ôl. Yna mae'r ffôn yn canu a phwy sydd y pen arall i'r lein ond Dan Lyn James. Sut mae esbonio peth fel'na?

Cefais gyfle i adrodd yr hanes uchod ar Radio Cymru ryw noson gan erfyn ar unrhyw un oedd wedi cael profiad tebyg i gysylltu â mi. Cafwyd tipyn o ymateb. Caf sôn am hynny yn y man.

Nawr, y cwestiwn mawr y carwn i gael ateb iddo gan yr arbenigwyr yw hwn. Beth achosodd i gloc y meddwl, neu'r isymwybod neu beth bynnag, roi naid fel'na fel mod i wedi gweld wyneb y dyn oedd am siarad â mi *cyn* i gloch y ffôn ganu? Roedd e'n rhoi plwc i'm cot, yn y freuddwyd, i dynnu fy sylw, ar yr union adeg pan oedd e'n deialu rhif ffôn ein tŷ ni – eto i dynnu fy sylw.

Yn awr, yr ymateb a gefais i'm cais ar y radio.

Daeth llythyr oddi wrth Mrs Zonia Bowen, gwraig y Prifardd a'r Cyn-Archdderwydd Geraint Bowen.

'Rai blynyddoedd yn ôl, pan oeddem yn byw yn Nhal-y-llyn, fe ganodd y ffôn yn y stafell nesaf ac aeth Geraint i'w ateb. Am ryw reswm na fedraf ei esbonio, mi ges i'r syniad yn fy mhen mai'r person oedd yn ffonio oedd Colin Spencer, brodor o Ogledd Lloegr sydd wedi dysgu Gaeleg a Chymraeg yn rhugl. Roeddem wedi cwrdd â Colin bedair neu bump o weithiau dros gyfnod o ugain mlynedd – ond doedd dim rheswm yn y byd dros i mi feddwl bod ganddo unrhyw achos i gysylltu â ni. Doedd e ddim wedi ein ffonio erioed o'r blaen, ac nid oeddem wedi ei weld ers sawl blwyddyn.

Pan ddaeth Geraint yn ôl gofynnais ai Colin Spencer oedd wedi bod ar y ffôn. 'Nage,' meddai, ac enwodd berson arall. Cyn iddo orffen siarad fe ganodd y ffôn eto. Y tro hwn mi es i fy hunan i ateb y ffôn a phwy oedd y pen arall i'r lein ond Colin Spencer.'

Mae profiad Mrs Bowen yn debyg iawn i f'un i. Yr unig wahaniaeth yw 'mod i'n cysgu ac yn breuddwydio a hithau'n effro. Ond roedd y 'cloc' wedi rhoi naid ymlaen yn y ddau achos.

Cafwyd tystiolaeth wedyn gan wraig o Geinewydd, Ceredigion. Amser Rhyfel 1939–1945 oedd hi ac roedd ei gŵr, a oedd newydd fod adre am wyliau wedi dychwelyd i'w long. Rhyw dridiau ar ôl iddo fynd fe gafodd y wraig freuddwyd. Yn ei breuddwyd gwelodd ei gŵr yn cerdded i mewn i'r gegin. Roedd golwg ryfedd arno ac roedd e'n gwisgo dillad gwahanol i'r rhai oedd ganddo'n mynd ymaith.

Drannoeth, cerddodd y gŵr i mewn i'r tŷ yn union fel yr ymddangosodd i'w wraig yn ei breuddwyd. Roedd e wedi ymuno â'i long ac wedi hwylio am un dydd yn unig cyn iddi gael ei bwrw gan dorpido yn ystod y nos. Roedd ef wedi ei achub ond wedi colli ei holl eiddo, gan gynnwys ei ddillad i gyd. Ac roedd yr awdurdodau ar y lan wedi rhoi dillad newydd iddo a'i yrru adre ar *leave* i ddod dros ei brofiad chwerw. Roedd ei wraig wedi rhag-weld y cyfan yn ei breuddwyd.

Un arall a atebodd fy nghais ar y radio oedd Mr M. R. James o Lanilar, Ceredigion. Yn ei lythyr roedd e'n dweud ei fod wedi gorfod mynd i ysbyty Aberystwyth un tro i gael llawdriniaeth. Ar ôl y driniaeth roedd e yn 'i wely yn y ward yn yr ysbyty pan aeth e i gysgu a chael breuddwyd. Fel hyn mae e'n dweud:

'Dyma fi'n breuddwydio fod gŵr i ferch o Lanilar wedi dod mewn i'r ysbyty i gael llawdriniaeth. Roedd yna ugain mlynedd wedi mynd heibio ers i fi weld y ferch. Gwyddwn pwy oedd ei gŵr, ond nid oeddwn erioed wedi ei weld. Dyma fi'n deffro tua deg o'r gloch ac yn cael triniaeth gan nyrs. Yna, ymhen dim, dyma ddyn yn dod mewn i'r ward ac yn eistedd ar y gwely gwag nesaf ataf fi. 'Gŵr Nansi,' (enw'r ferch) medde fi wrtho. 'Ie,' atebodd, gan ryfeddu mod i'n gwybod pwy oedd.'

Mae profiad Mr James, os rhywbeth, yn fwy rhyfedd na 'mhrofiad i. Roeddwn i'n nabod Dan Lyn James ond doedd Mr James, Llanilar erioed wedi gweld gŵr Nansi. Roedd e'n gwybod pwy oedd e, ond ddim erioed wedi dod wyneb yn wyneb ag ef nes ei weld yn eistedd ar y gwely gyferbyn ag ef yn yr ysbyty.

Beth amser ar ôl i fi gael fy mreuddwyd rhagweledol, fe ddeuthum ar draws dyddiadur Tomos Jenkins o Landeilo, gŵr eithriadol a oedd yn byw yn y ganrif ddiwetha, ac a oedd ar un adeg yn goruchwylio ailadeiladu'r bont yn Llandeilo a oedd wedi ei dinistrio gan lifogydd. Breuddwydiodd yntau freuddwyd proffwydol ynglŷn â'r gwaith ar y bont. Dyma ei eiriau:

Dreamt that the chain of the crane broke and came down with a rattling noise . . . and starting from sleep, Anne [ei wraig] *asked me what was the matter? I told her. This evening the chain did break and ran over the pulley with the same noise as I heard in my dream. Three or four of us had a narrow escape.*

Rwy i wedi trafod yr hyn ddigwyddodd i mi yn fy mreuddwyd gyda chyfeillion a chydnabod lawer gwaith. Roedd rhai'n barod i dderbyn fod y peth yn rhyfeddod anesboniadwy. Ond roedd eraill yn barnu mai cyd-ddigwyddiad digon syml oedd e. Hynny yw, rown i'n *digwydd* bod yn breuddwydio am Dan Lyn James pan ganodd y ffôn ac yntau ar y pen arall i'r lein. Choelia i byth!

Roeddwn i'n breuddwydio mod i ar fin byrddio awyren. Ond yn sydyn dyma rywun yn ymyrryd. Dan Lyn James oedd hwnnw, ac roedd e wedi ymyrryd trwy godi'r ffôn yn Aberystwyth a dechrau deialu ein rhif ffôn ni yn Nhŷ'r Ysgol, Coed-y-bryn.

Y dirgelwch mawr yw – sut y daeth y neges fod y dyn yma'n mynd i'm ffonio, trwodd i mi yn fy mreuddwyd *cyn* i gloch y ffôn ganu yn Nhŷ'r Ysgol?

Dyna brofiad Mrs Zonia Bowen wedyn – yn synhwyro'n sydyn fod dyn o Ogledd Lloegr nad oedd wedi ffonio erioed o'r blaen, yn mynd i ffonio'r noson arbennig honno. Nid breuddwydio wnaeth hi ond synhwyro, ond fe gafodd y peth ei wireddu yn ei hachos hi fel yn fy achos i.

Nid wyf i erioed wedi darllen yr un o'r dwsinau o lyfrau sy wedi eu hysgrifennu am freuddwydion a breuddwydio; ond ar ôl yr hyn a ddigwyddodd i fi, ac ar ôl llawer o dystiolaeth gan bobl sy' wedi cael bron yr un profiad â fi, rwy'n siŵr bellach fod rhai ohonom ar rai adegau, heb yn wybod i ni ein hunain – yn gallu rhag-weld rhyw bethau cyn iddyn nhw ddigwydd.

Yr Arwisgo

Cofio! Cofio'r Arwisgo! Beth oedd hwnnw? Gallaf glywed pobl ifainc wythdegau a nawdegau'r hen ganrif yn holi mewn penbleth. Fel yna mae digwyddiadau cyffrous yn hanes ein gwlad ni yn mynd yn ango, fel y mae cenhedlaeth newydd yn disodli'r hen o hyd. Ond roedd blwyddyn yr Arwisgo, sef 1969, yn gyfnod cyffrous a chythreulig yn ein hanes ni fel cenedl. Roedd e'n gyfnod o wrthdaro mawr rhwng y rhai oedd yn meddwl am Gymru fel cenedl ar wahân, a'r rhai oedd yn ei chyfri'n ddim ond darn o Brydain o dan frenhiniaeth Elizabeth yr Ail. Y rheswm am y gwrthdaro oedd y ffaith fod yna ddeffroad a chynnydd wedi bod yn rhengoedd y cenedlaetholwyr, a oedd yn sôn am 'Gymru Rydd' a 'Chymru Annibynnol'.

Gwelai'r Prydeinwyr hyn fel bygythiad i'r Deyrnas Unedig, ac aethpwyd ati, ymhob dull a modd, i geisio adfer y teyrngarwch i Elizabeth yr Ail a'r Llywodraeth yn San Steffan.

Meddyliodd rhywun am y syniad rhyfedd o gael seremoni fawr, liwgar yng Nghastell Caernarfon i 'arwisgo' etifedd y Frenhines, Charles, yn Dywysog Cymru! Roedd e'n 'dywysog Cymru' ers dydd ei eni, wrth gwrs, gan 'i bod hi'n hen draddodiad i roi'r teitl hwnnw i fab hynaf brenin neu frenhines Lloegr ers canrifoedd. Felly, paham fod eisiau ei 'arwisgo' yng Nghastell Caernarfon â rhwysg a phomp mawr iawn?

Wel, roedd pobl Cymru wedi mynd i gwyno nad oedd y Tywysog Siarl yn gwneud dim dros Gymru ac nad oedd nemor byth yn ymweld â Chymru nac yn cymryd gronyn o ddiddordeb yn ei hiaith a'i diwylliant. Beth dda oedd e?

Hefyd, gan fod Plaid Cymru a chenedlaetholdeb ar gynnydd roedd protestiadau a thor-cyfraith yn dechrau mynd yn dipyn o boendod i'r rhai oedd yn credu mewn trefn.

Un o'r rhai a oedd yn ddig iawn i unrhyw sôn am hunanlywodraeth i Gymru oedd Arglwydd Tonypandy. Na, nid Tommy Farr, y bocsiwr poblogaidd, ond George Thomas, aelod seneddol a Llefarydd Tŷ'r Cyffredin. Diau ei fod ef yn un o'r rhai mwyaf brwd dros gynllun gwallgof yr Arwisgo yn y lle cyntaf.

Beth bynnag, fe benderfynwyd yn swyddogol fod y cynllun yn mynd yn ei flaen, ac fe ddechreuwyd ar y paratoadau mawr i wneud y peth yn urddasol a chofiadwy. I geisio profi fod y breniniaethwyr o ddifri, fe drefnwyd fod Siarl yn treulio cyfnod byr ym Mhrifysgol Cymru, Aberystwyth, yn dysgu siarad Cymraeg.

Roedd e yn Aber ym Mehefin 1969, pan gynhaliwyd Eisteddfod Genedlaethol yr Urdd yno. Ac roedd rhywrai wedi trefnu fod y tywysog yn dod i'r Eisteddfod ar ddydd Gwener, i siarad yn Gymraeg o'r llwyfan.

Roeddwn innau'n feirniad cystadleuaeth y Gadair yn yr Ŵyl honno, ac rown i i draddodi fy meirniadaeth ar y gystadleuaeth y diwrnod cyn hynny, sef ar ddydd Iau.

Roedd cystadleuaeth y Gadair y flwyddyn honno yn un eithriadol o dda, ac rown i wedi dotio'n deg ar gerddi'r bardd rown i wedi ei ddewis i gael y Gadair, ac wrth ddarllen ei waith drosodd a throsodd, fe ddaeth y syniad i'm pen, mai awdur disglair y cerddi hyn oedd gwir dywysog Cymru, ac nid yr un a fyddai'n dringo i'r llwyfan ar y dydd Gwener. Penderfynais ddweud hynny'n gyhoeddus o'r llwyfan ar ddiwedd fy meirniadaeth.

Wel, fe ddaeth dydd Iau'r Cadeirio, ac fe ddaeth amser i mi fynd i'r llwyfan i roi fy nyfarniad. Roedd hi'n digwydd bod yn brynhawn o fellt a tharanau drwg iawn, ac roedd fy ngwraig a minnau wedi ein dal gan un gawod drom iawn ar ôl cyrraedd y maes.

Ar y llwyfan, fe roddais i glod uchel iawn i'r bardd buddugol ac ar ôl cyhoeddi ei ffugenw fe ddechreuais ddweud, 'Mae 'na dywysog yn dod yma fory, ond i fi, fe fydd gwir dywysog Cymru yn dod i'r llwyfan 'ma heddi ar ôl i fi orffen siarad nawr.'

Ond gwae fi, cyn i mi gael cyfle i ddweud mwy na rhyw bum gair, dyma fflach mellten anferth a thwrw mawr yn ei dilyn, a boddwyd fy ngeiriau'n llwyr yn y sŵn. Ni chlywodd hyd yn oed y rhai a eisteddai nesaf at y llwyfan fy natganiad mawr, herfeiddiol! Aeth fy nghyfle'n ofer! Pwy oedd fy nhywysog Cymru i y prynhawn hwnnw? Bardd ifanc (bryd hynny) â gwallt cringoch – Gerallt Lloyd Owen.

Gerallt Lloyd Owen yn ei gadair; Eisteddfod Genedlaethol yr Urdd, Caernarfon, 1969.

(Trwy garedigrwydd Llyfrgell Genedlaethol Cymru)

Gelyn y Bobl

Does gen i ddim llawer o lyfrau Saesneg ar silffoedd y llyfrgell sy gen i gartre. Ond mae un llyfr Saesneg sy'n codi 'ngwrychyn i bob tro y bydda i'n edrych arno fe. Ei gael yn rhodd wnes i, gan rywun oedd wedi cael digon ar ei weld e ar silffoedd ei lyfrgell ei hunan, debyg iawn!

Enw'r llyfr yw *My People* a'r awdur yw Caradog Evans. Cyfrol o storïau byrion yw *My People*, ac fel is-deitl fe geir y geiriau '*Stories of the Peasantry of West Wales*'. Fe gyhoeddwyd *My People* yn 1915, a hyd yn oed bryd hynny, pan oedd sylw pawb ar yr hyn oedd yn mynd ymlaen yn y Rhyfel Byd Cyntaf, fe achosodd y llyfr gryn gyffro a drwgdeimlad. Fe achosodd bron gymaint o hylabalŵ ymysg y Cymry Cymraeg â Brad y Llyfrau Gleision slawer dydd. Beth oedd achos yr holl gynnwrf ynglŷn â'r un llyfr 'ma, meddech chi?

Wel, yn *My People* roedd Caradog yn portreadu gwerin bobol godre Ceredigion, a Rhydlewis yn arbennig, fel godinebwyr a rhagrithwyr twyllodrus ac fel pobol affwysol o dwp ac anllythrennog; rhyw fodau nad oedden nhw fawr iawn gwell na'r anifeiliaid oedd gyda nhw ar eu ffermydd gwledig. Ac yng ngenau'r bobol yma fe roddodd ryw fath o iaith ffug-Saesneg a oedd yn gwneud iddyn nhw ymddangos yn dwpach fyth ac, yn wir, yn hollol hurt ar brydiau.

Roedd Caradog wedi cael ei fagu ym mhentre Rhydlewis lle'r oedd 'na, fel mae pobol o'r un oed ag e wedi tystio, gymdogaeth dda yn bod a chymdeithas glòs lle'r oedd pawb yn helpu'i gilydd. Pam, felly, roedd e wedi mynd ati i ddilorni'r bobol roedd e wedi byw yn eu mysg nhw? Wel, roedd y diweddar Barchedig Jacob Davies yn arfer taeru mai dial roedd Caradog am yr hyn oedd wedi digwydd i'w dad – William Evans – a oedd yn arwerthwr amhoblogaidd iawn, a hynny am ei fod e wedi bod yn barod i werthu stoc ac eiddo ffermwyr a thyddynwyr tlawd oedd wedi methu talu'r degwm, neu'r rhenti uchel oedd yn cael eu hawlio gan y meistri tir mewn cyfnod o dlodi mawr. Mae'n debyg fod arwerthwyr eraill y cylch wedi gwrthod. Ac mae 'na hen hanes sy'n dweud i William Evans orfod marchogaeth y Ceffyl Pren. Hen ffordd o gosbi drwgweithredwyr oedd y Ceffyl Pren a ddefnyddid yn helaeth iawn yn ystod Terfysgoedd Beca, ac mae'n debyg mai William Evans oedd yr ola yn Sir Aberteifi i ddiodde'r gosb honno. Fe fu William Evans farw'n ifanc, ac fe symudodd ei weddw a'r plant wedyn o Lanfihangel-ar-arth i Rydlewis. Ac yno y maged Caradog.

Roedd e, trwy ddirgel ffyrdd, wedi cyrraedd Fleet Street yn Llundain erbyn 1915 pan gyhoeddodd *My People*.

Fe achosodd ymddangosiad y llyfr gyffro mawr ymysg y Cymry Cymraeg a'r di-Gymraeg. Gwrthododd rhai llyfrgellwyr ganiatáu i'r un copi o'r llyfr gael ei roi ar eu silffoedd, ac fe fu protestiadau ffyrnig yn y Wasg. Wrth gwrs, roedd hynny'n lles mawr i werthiant y llyfr, ond ar yr un pryd, trwy gyhoeddi *My People* roedd Caradog Evans wedi tynnu cenedl gyfan yn 'i ben!

Beth wnaeth e, a dweud y gwir, i achosi'r fath gynnwrf? Meddai Glyn Jones yn ei gyfrol *The Dragon Has Two Tongues*, 'What Caradog did was deliberately to suppress everything he knew to be admirable in the life and circumstance of the people he was writing about, their hospitality and sense of community, their self-sacrifice, their devotion to their religion, their reckless and stubborn courage.'

Ac meddai Terry Campbell mewn erthygl yn y *Western Mail*, Medi 1980, 'If any one man is responsible for making every illiterate, third rate, half-baked English comedian think that we start every sentence with "Indeed to goodness", then it is Caradog Evans. For that I would hang him high and bury him deep.'

Ac meddai Glyn Jones ymhellach am yr iaith yn *My People*, 'What he did was to invent a whole language for them, and he invented it with one purpose, which was to create in his stories a certain atmosphere of hypocrisy, stupidity and cunning and sham religion'.

Ond rwy i am anghytuno â Glyn Jones ar y pwnc yna. Nid 'gwneud' iaith wnaeth Caradog i'r cymeriadau yn *My People*. O na! Fe wnaeth rywbeth gwaeth na hynny! Yr hyn wnaeth e, a dweud y gwir, oedd defnyddio idiomau pert yr iaith lafar yn ardal Rhydlewis, ac wrth eu troi nhw i'r Saesneg, eu llurgunio nhw mewn ffordd hollol ddieflig, nes gwneud i'r cymeriadau oedd yn eu defnyddio nhw yn y storïau ymddangos yn anifeilaidd o dwp a chyntefig o ffals.

Ac yn fy marn i, dyna oedd trosedd mawr Caradog yn erbyn ei gyd-Gymry, sef y defnydd sarhaus ac amharchus a wnaeth e o'n hiaith lafar gyfoethog ni yn *My People*. Hynny, ac nid ei bortreadau fe o gymeriadau dauwynebog, slei a thwyllodrus yn y storïau.

Gadewch i ni edrych ar rai o'r enghreifftiau gwaetha yn y llyfr. Nawr, mae'n hen arfer gyda ni yng ngodre Sir Aberteifi ddweud, pan fyddwn ni'n cymell rhywun i fod yn ddewr neu yn fwy ymosodol er ei les ei hunan, 'Rhaid i ti ddangos tipyn o gylla'. Falle fod y dywediad yn gyffredin i rannau eraill o'r wlad hefyd. Yn un o storïau *My People*, lle mae dyn ifanc swil yn cael ei gymell gan ei rieni i fynd i garu, dyma fel mae Caradog yn dweud y peth: 'You must put out your belly largely'. Onid yw'r peth yn chwerthinllyd? Mae'n dangos tipyn o gythreuldeb hefyd! Fe allai Caradog fod wedi defnyddio 'stomach', oherwydd mae'r math yma o ddywediad yn gyfarwydd yn Saesneg. Fe glywch yn aml iawn pan fo rhywun yn ceisio dweud nad yw'n hoffi rhyw waith, 'I have no stomach for such work'. Ond wnâi 'stomach' ddim mo'r tro i Caradog, gan y byddai'n rhy debyg i ffordd o ddweud a oedd yn gyfarwydd i'r Saeson. Felly roedd rhaid cael 'Put out your belly largely' er mwyn gwneud y Cymry'n destun sbort.

Mae'r ail enghraifft yn ymwneud â'r arfer hynafol yn y Gymraeg, mewn rhai ardaloedd, o ddefnyddio'r trydydd person pan na fydd ond dau berson yn sgwrsio â'i gilydd. Roedd e'n digwydd yng nghylch Llandysul pan own i'n grwt. Rwy'n cofio mynd mewn i siop ddillad yn y pentre hwnnw i brynu cot, a synnu braidd o glywed y siopwr yn gofyn, 'Shwt got oedd e wedi feddwl ga'l?' Roedd yr hen arfer yma yn rhoi cyfle gwych i Caradog lurgunio pethau, ac fe wnaeth yn fawr o'i gyfle! Roedd e wedi clywed siarad tebyg i hyn: 'Dweded e wrthw i nawr,' mewn sgwrs rhwng dau, a dyma drosi hynny i'r Saesneg fel 'Tell he me now'.

Ac yn *My People* rŷn ni'n cael y ffrâs yma, 'Explain him to me his errand now stranger'. Ac mae 'Ody e'n dweud?' yn mynd yn 'Say him?'

Dyma rai enghreifftiau eraill o'r ffordd greulon oedd gan Caradog o sarhau Cymraeg godre Ceredigion ac o wneud sbort am ben y bobol roedd e wedi treulio'i blentyndod yn eu mysg nhw. Fe aeth y 'Bod Mawr' yn 'Big Man', 'Diolch yn fawr' yn 'Large thanks', blaenoriaid y capel yn 'first men'. 'Siencyn bach' a 'Siencyn mawr' (tad a mab) yn 'Siencyn the Small and Siencyn the Large'. Wedyn, fe aeth Job, dyn y march (neu'r dyn dilyn march) yn 'Job of the stallion'. 'Paid â gwylltio' yn 'Don't you get savage.'

Dyma un enghraifft olaf, lle mae rhywun yn ceisio gan y gweinidog drefnu cyngerdd cysegredig yn y capel er mwyn cael modd i anfon bachgen lleol i'r coleg diwinyddol. 'Good will it if he lets a concert religious be held so that Eben can be sent to College Carmarthen.'

Faddeuodd Cymru byth i Garadog am *My People.* Yn niwedd ei oes fe ddychwelodd i Gymru i fyw, i New Cross gerllaw Aberystwyth, ac yno y buodd e farw. Rwy'n cofio i fi ei weld e droeon yn eistedd wrtho'i hunan ar y Prom yn Aberystwyth a rhyw het go ryfedd ar 'i ben e – dyn llwyd, tenau, unig. A phan fuodd e farw, ar Ionawr 11 1945, fe ddigwyddodd rhywbeth go ryfedd yn ôl hanes a glywais i gan hen gyfaill i mi, y diweddar J. R. Evans, prifathro Ysgol Llanilar y pryd hwnnw. Y noson cyn angladd Caradog fe ddaeth ei wraig e, dynes oedd yn ei galw'i hunan yn Countess Barcynska, i gysylltiad â J. R. Evans i ofyn iddo hurio rhyw bobol leol a fyddai'n fodlon bod yn fwrnwyr yn yr angladd. Dywedodd y byddai'n fodlon talu punt i bob un a ddeuai! Flynyddoedd yn ddiweddarach fe fûm i ym mynwent y capel yn New Cross yn edrych am ei fedd.

Roedd e o'r golwg dan y drain a'r drysni a bron yn amhosib dod o hyd iddo.

Rwy'n credu'n siŵr erbyn hyn mai'r ffordd faleisus a sarhaus y defnyddiodd Caradog idiomau a ffurfiau'r iaith Gymraeg oedd y trosedd anfaddeuol a gyflawnodd e. Fe allen ni fod wedi maddau iddo fe'r cymeriadau *grotesque*. Fe allai pobol Rhydlewis a'r cylch fod wedi dweud, 'Nid ni yw'r rheina'. Ond mae'r iaith yn rhan ohonom i gyd, a phan aeth e i lurgunio honno er mwyn 'chware i'r galeri' i'w gynulleidfa Seisnig, fe aeth tu hwnt i faddeuant. Hir iawn yw cof cenedl!

Diweddglo

Fy mhobol i! Mae'n nhw wedi mynd i gyd, bron, gan gynnwys fy ngwraig a fu'n gefn ffyddlon i mi dros drigain mlynedd. Cymry oedden nhw bob un – 'y mhobol i – a'r Gymraeg yn fiwsig ar 'u gwefusau nhw. Ac o ystyried y dirywiad cyson yn ansawdd yr iaith yn yr oes sydd ohoni, mae'n siŵr gen i fod tipyn o'r miwsig hwnnw wedi darfod gyda nhw – a hynny am byth.

Rwy wedi gadael y bobol agosaf ata'i heb fawr o sôn amdanyn nhw tan y diwedd. Iddyn nhw rwy am gyflwyno'r gwaith olaf hwn o'm heiddo.

I Edwin, fy mrawd – y diweddar erbyn hyn, ysywaeth – dyn busnes llwyddiannus a chyn-faer Llanbedr Pont Steffan, ond gŵr llên hefyd a bardd cadeiriol. Ef oedd Cadeirydd Eisteddfod Genedlaethol Llambed yn 1984, a fu'n llwyddiant mawr. Am ryw 35 o flynyddoedd, bu'n Ysgrifennydd Llên eisteddfod fawr, flynyddol Rhys Thomas James, (Pantyfedwen), yn y dre. Bu'r 'pethe' Cymraeg bob amser yn agos at ei galon.

I Megan Eluned, fy chwaer, sy'n dal i fyw ym Mhentrecwrt. Etifeddodd hithau'r ddawn i farddoni, ond i ddiddanu ei ffrindiau a'i pherthnasau yn unig y bydd hi'n llunio penillion, a hynny ar achlysuron arbennig fel priodas, dod i oed, marwolaeth ac yn y blaen. Un arbenigrwydd a berthyn iddi yw'r ffaith ei bod hi wedi cadw dyddiadur helaeth dros gyfnod maith o flynyddoedd, gan gofnodi hynt a helynt ei theulu a'r ardal yn ffyddlon bob dydd yn ddi-ffael. Bydd yn rhaid i'r cyfrolau hyn fynd i'r Llyfrgell Genedlaethol, ryw ddydd.

I Emyr, fy mab, a aeth i Dryweryn. Roedd yn fyfyriwr yn Aberystwyth ar y pryd, ond cafodd ei garcharu am flwyddyn gyfan am ei weithred. Roedd hi'n flwyddyn hir i ni, ei fam a'i dad, ond yn hwy fyth iddo ef. Serch hynny, ni adawodd i'w brofiad ym 'Mhlasau'r Brenin' amharu dim ar ei frwdfrydedd dros Gymru a'r iaith, a bu'n flaengar ym mhob brwydr a phrotest yn erbyn y pwerau oedd yn bygwth eu parhad.

I Iolo, fy mab, sy'n byw gartre gyda mi, ac yn fawr ei ofal amdanaf yn fy henaint. Mae ef yn chwaraewr gwyddbwyll gyda'r gorau yng Nghymru, ac mae wedi teithio'r byd fel aelod o dîm gwyddbwyll Cymru dros nifer o flynyddoedd. Cynrychiolodd ei wlad yn yr Ariannin, yn Rwsia, Israel, Ynysoedd y Philipinau, Iwgoslafia, Ffrainc, Gwlad Groeg a sawl gwlad arall. Ac yn yr Olympiad Gwyddbwyll yn Iwgoslafia, fe ddaeth yr anrhydedd uchaf i'w ran pan enillodd fedal aur. Cyhoeddodd ef a minnau yr unig lyfr Cymraeg erioed i gael ei sgrifennu ar wyddbwyll, yn dwyn y teitl *A Chwaraei Di Wyddbwyll?* Mae gan Iolo hefyd ddiddordeb mewn llên, a gall lunio ambell englyn yn awr ac yn y man.

Fe ddywedais gynnau fod y rhan fwyaf o 'mhobol i wedi mynd. Ond mae rhai wedi dod hefyd, ac nid wiw i mi anghofio'r rheini! Mae gen i ddau ŵyr ac wyres, Guto, Nia ac Owen – Guto'n llyfrgellydd ac yn bregethwr ar y Suliau, Nia'n athrawes yn Ysgol Glantwymyn, Powys, Owen yn gwneud gwaith gyda'r elusen Shelter Cymru, ar ôl bod yn bennaeth yr Adran Hanes yn Ysgol Gyfun Bro Myrddin, Caerfyrddin.

Dyna nhw! Na, gan bwyll! Bûm bron ag anghofio'r rhai pwysicaf oll! Mae gen i orwyrion – Iwan, Gwenno, Rhian, Mari a Dafydd.

Nhw biau yfory.

*Ein teulu ni ym mhriodas
Edwin a Beryl.*

Emyr, y mab.

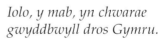

*Iolo, y mab, yn chwarae
gwyddbwyll dros Gymru.*

Guto, Nia ac Owen, yr wyrion.

Y gorwyrion, Mari, Rhian, Gwenno ac Iwan;
a Dafydd.